UNGIDAS

Dados Internacionais de Catalogação na Publicação (CIP)
(Câmara Brasileira do Livro, SP, Brasil)

López Villanueva, Mariola
  Ungidas : um itinerário de oração no encontro das mulheres com Jesus / Mariola López Villanueva ; tradução de Maria Ângela Bragatto Lemos, Regina Console Simões. – Petrópolis, RJ : Vozes, 2024.

  Título original: Ungidas: un itinerario de oración con relatos de mujeres.

  ISBN 978-85-326-6947-6

  1. Cristianismo 2. Espiritualidade
  3. Mulheres – Aspectos religiosos – Cristianismo
  4. Mulheres na Bíblia 5. Oração – Cristianismo I. Título.

24-221188   CDD-270.082

Índices para catálogo sistemático:
1. Mulheres : Aspectos religiosos : Cristianismo   270.082

Eliane de Freitas Leite – Bibliotecária – CRB-8/8415

MARIOLA LÓPEZ VILLANUEVA, RSCJ

UNGIDAS

Um itinerário de oração no encontro das mulheres com Jesus

Tradução de Maria Ângela Bragatto Lemos e
Regina Console Simões

Petrópolis

© 2011, Editorial Sal Terrae – Grupo de Comunicación Loyola, S. L. U. –
Bilbao / Espanhagcloyola.com

Tradução do original em espanhol intitulado *Ungidas. Un itinerario de oración con relatos de mujeres*, de Mariola López Villanueva.

Direitos de publicação em língua portuguesa:
2024, Editora Vozes Ltda.
Rua Frei Luís, 100
25689-900 Petrópolis, RJ
www.vozes.com.br
Brasil

Todos os direitos reservados. Nenhuma parte desta obra poderá ser reproduzida ou transmitida por qualquer forma e/ou quaisquer meios (eletrônico ou mecânico, incluindo fotocópia e gravação) ou arquivada em qualquer sistema ou banco de dados sem permissão escrita da editora.

CONSELHO EDITORIAL

Diretor
Volney J. Berkenbrock

Editores
Aline dos Santos Carneiro
Edrian Josué Pasini
Marilac Loraine Oleniki
Welder Lancieri Marchini

Conselheiros
Elói Dionísio Piva
Francisco Morás
Gilberto Gonçalves Garcia
Ludovico Garmus
Teobaldo Heidemann

Secretário executivo
Leonardo A.R.T. dos Santos

PRODUÇÃO EDITORIAL

Aline L.R. de Barros
Jailson Scota
Marcelo Telles
Mirela de Oliveira
Natália França
Otaviano M. Cunha
Priscilla A.F. Alves
Rafael de Oliveira
Samuel Rezende
Vanessa Luz
Verônica M. Guedes

Editoração: Mônica Eliane Glasser Santi da Costa
Diagramação: Editora Vozes
Revisão gráfica: Anna Carolina Guimarães
Capa: Lara Gomes

ISBN 978-85-326-6947-6 (Brasil)
ISBN 978-84-293-1963-7 (Espanha)

Este livro foi composto e impresso pela Editora Vozes Ltda.

Às mulheres
com quem compartilho orações e sorriso,
minha gratidão e alegria.

Vai amanhecer
vai curar
não desista, minha vida,
semeie algumas flores de amor em tua ferida.
Ah coração!
A vida é um milagre de Deus,
vá cantando as mágoas
e libere a dor...
Logo chega o sol
com a esperança de amanhecer,
de renascer,
não desista, amor.

(Maná, de seu álbum *Drama e luz*)

Sumário

Prólogo, 9
Introdução, 13

1 Surpreendidas, 17
1.1 Marta de Betânia: habitar a própria casa, 17
1.2 Maria de Nazaré: criatura amada, capaz de amar, 25

2 Visitadas, 33
2.1 Mulheres na genealogia de Jesus, 33
2.2 Isabel de Ain Karem e Maria: relações que fazem crescer, 40

3 Curadas, 47
3.1 Uma mulher samaritana: desbloquear nossas fontes, 47
3.2 Duas mulheres necessitadas: a hemorroíssa e a mulher encurvada, 54

4 Enviadas, 63
4.1 A mulher cananeia: compartilhar o pão com todos, 63
4.2 Maria em Caná: antecipar o banquete, 69

5 Entregues, 77
5.1 Uma viúva pobre e generosa, 77
5.2 Marta e Lázaro: chamado à vida, 83

6 Sustentadas, 91
6.1 Marta e Maria: mulheres que fazem Eucaristia, 91
6.2 As mulheres que olham a cruz de longe, 98

7 Benditas, 107
7.1 Maria Madalena e seus novos olhos, 107
7.2 Relançar as redes da vida com outras pessoas, 113

Epílogo, 123
Obras usadas nesta tradução, 135

Prólogo

Em um verão me convidaram para orientar alguns retiros na Colômbia, e este livro é fruto desses dias e do encontro com minhas irmãs dessa bonita e sofrida terra. Dediquei-me a preparar um itinerário que, baseado na pedagogia inaciana dos Exercícios[1], mais em sua substância do que na forma, se aprofundasse na experiência das mulheres do Evangelho.

Por que decidi selecionar textos sobre personagens femininas? Até agora tenho dado os Exercícios para mulheres, sobretudo às religiosas. Os primeiros que preparei eram mais rigorosamente inacianos na linguagem e nos textos; o que eu havia recebido, mais ou menos, transmitia. Nos últimos, acolhi o desejo de realizar alguns dias de oração mergulhando na experiência das mulheres. Seria mais um ano me identificando com Zaqueu, com o fariseu da parábola, com o irmão mais novo ou o mais velho, com Pedro...? Não me reconheceria melhor na mulher hemorroíssa, na encurvada, em Marta de Betânia, em Maria Madalena? Por que tantas mulheres ao longo da história da espiritualidade tiveram de vencer seu *orgulho*, quando de fato se tratava de superar *sua timidez e ocupar seu espaço*?

Creio que o gênero influencia na hora de oferecer textos bíblicos e passagens do Evangelho para contemplação, e se tem usado muito mais os textos que fazem referência a personagens

---

1. A autora faz referência aos *Exercícios Espirituais* de Inácio de Loyola, que são um conjunto de meditações, orações e práticas contemplativas, desenvolvidas pelo fundador da Companhia de Jesus, cujos membros são conhecidos como jesuítas. Eles foram criados no século XVI e têm como objetivo ajudar os participantes a discernir a vontade de Deus em suas vidas, fortalecer a sua relação com Ele e orientar as suas decisões e ações [N.E.].

e características masculinas. Os relatos das mulheres nos são mais desconhecidos, e, para encontrar a entrada em um texto – *o lugar onde o Espírito adentra para nos buscar* –, necessitamos conhecê-lo intimamente. Por isso acolhi o desejo de me deter nos encontros das mulheres, de entrar em suas transformações, de contemplar como a vida de Jesus se tece em seus corpos, e como nos dispormos para que sigam tecendo-se nos nossos.

Os Exercícios abriram-me dimensões mais afetivas e relacionais, levando-me à necessidade de integrar melhor a dimensão corporal. Enquanto me aprofundava nos relatos do Evangelho onde aparecem personagens femininas, emocionou-me descobrir que, o que denominam os quatro chamados à vida adulta (chamado à *identidade*, à *intimidade*, a *ser geradora* e à *integridade*), manifestavam-se e operavam nos bastidores dos Exercícios como um caminho de aprofundamento e de amadurecimento. Por meio dessas mulheres, busquei seguir esses apelos.

Ao final dos Exercícios vividos na Colômbia, uma irmã de Bogotá, já idosa, me disse: "Onde estavam escondidas todas essas mulheres? Nunca fiz Exercícios tão vivamente...". Pude compreendê-la muito bem: não era tanto pelo retiro em si, mas porque, por meio dos relatos das mulheres, ela havia se identificado com a própria realidade muito mais que das outras vezes. Ali o Senhor se fazia mais pessoal e presente.

Creio que, para os homens, fazer orações com textos de mulheres pode ser extremamente rico em matizes, frescor, com a possibilidade de despertar sua sensibilidade e todo o seu potencial de *anima*; de abordar a compaixão, o serviço, a intimidade... a partir de chaves mais completas e integradoras. Existe algo de *sensus Christi* que perdemos, se não ficamos junto a elas.

O que mais me emociona é que Jesus também colocou na própria vida as histórias de mulheres. Que *tanto bem recebido* na relação com elas o fez se aprofundar na sua experiência de Deus; que o modo de se entregar, lavando os pés e servindo a mesa com o próprio corpo, Ele não aprendeu de nenhum rabino, nem de um sacerdote, tampouco de algum mestre da Lei, senão de Marta e Maria, que lhe mostraram ao praticar com Ele (Jo 12). Que se lembrou da cananeia, quando disse: "Isto é o meu corpo [...] e meu sangue derramado *por todos*" (Mt 26,26-27), e que aquela viúva pobre o ensinou como dar tudo o que necessitava para viver nesse mistério dividido entre "água, sangue e silêncio" (Jo 19,34).

Jesus se reconheceu nos gestos delas e aprendeu dessas mulheres *o modo de proceder de Deus*. Por isso creio que Inácio, cinco séculos depois de nos deixar o precioso legado dos Exercícios, se retrataria daquela anotação 325, fruto e herança da época – "o inimigo se comporta como uma mulher..." –, dizendo hoje, e com muita razão: "não tenham medo, que *o amigo também pode vir em forma de mulher*". As mediações femininas se abrem para todos como impulso criador, espaço de novidade, de possibilidades inéditas, de uma abundância de vida que ainda desconhecemos.

Cada capítulo do livro é intitulado por um particípio, no qual se quer expressar o convite e a disposição para pedir, e contém duas passagens do Evangelho. Os relatos se iniciam com um conto ou uma pequena história, que eu costumava ler no início das palestras, e terminam com perguntas que nos convidam a orar com os textos.

Peço desculpas de antemão porque vou escrever "como se *me encontrasse diante de mulheres*". Gostaria de *chamar e ativar*, desse modo, a dimensão feminina, a receptividade, a calidez e a criatividade que homens e mulheres guardamos dentro de nós. Um amigo me sugeriu: "Diga que não é um livro só para mulheres e que os homens também o aproveitarão fartamente". Fica aqui, em aberto, a sugestão. Em certas ocasiões, enquanto o preparava, pegava coisas daqui e dali. De algumas posso citar a fonte, de outras já não sei de onde bebi. Agradeço o que recebi, e é a partir da própria experiência, e não do *muito saber*, que o ofereço simplesmente como material que pode ajudar *a sentir e a saborear*.

Granada, 25 de maio de 2011
Festa de Santa Madalena Sofia

Introdução
Portas que Jesus e as mulheres cruzaram

Uma mulher judia de 27 anos, Etty Hillesum, no dia 12 de julho de 1942, ante os perigos e rumores que circulavam sobre seu povo, escreveu em seu diário:

> Vou te ajudar, Deus meu, que tu não se apagues em mim, porém não posso garantir nada de antemão. No entanto, há uma coisa que se me apresenta cada vez mais com maior nitidez: não és tu que podes nos ajudar, mas sim nós que podemos ajudar a ti, e, ao fazê-lo, ajudamos a nós mesmos. Isso é tudo que podemos salvar nesta época, e é a única coisa que conta: um pouco de ti em nós, Deus meu. Quiçá também possamos trazê-lo à luz nos corações devastados dos outros![2]

À luz desta descoberta pessoal de Etty, um ano antes de ser deportada para Auschwitz, desejo olhar a relação das mulheres com Jesus. Como se ajudaram mutuamente a iluminar Deus, a trazê-lo à luz no coração dos outros?

Normalmente nas exegeses, nas interpretações dos relatos evangélicos sobre mulheres, sublinha-se a novidade, a mudança, o inesperado, inclusive a escandalosa relação de Jesus com as mulheres aos olhos dos homens judeus da época, e mesmo dos discípulos. Esses relatos mostram como Jesus as dignificou, como as curou, como lhes devolveu a integridade, como lhes revelou o segredo do Reino, como se manifestou a elas... e tudo aquilo que Jesus lhes mostrou como receptoras privilegiadas da Boa-Nova do

---

2. LEBAU, P. *Etty Hillesum, un itinerario espiritual*. Santander: Sal Terrae, 2000, p. 110.

Reino, como as últimas que para Ele eram as primeiras. Os relatos nos deixam entrever a cumplicidade, a sintonia que havia entre eles, a capacidade de ressoarem e de se compreenderem no silêncio.

Por isso, quero pôr destaque, ou colocar a melodia de fundo, naquilo que Jesus e as mulheres *compartilharam* entre si, no aprendizado mútuo que realizaram; no que também elas mostraram a Jesus sobre si mesmo, sobre a realidade, sobre Deus e sobre os outros; no que Jesus descobriu do Reino por meio da dimensão feminina da vida.

Que espaços as mulheres abriram a Jesus? Que portas ajudaram a atravessar mutuamente? Vamos transpor algumas dessas portas que Jesus cruzou com as mulheres e que também nos são oferecidas hoje.

É bastante significativo, nos relatos evangélicos onde as mulheres são protagonistas, a importância que o corpo (feminino) adquire. É como se elas nos introduzissem nessa dimensão que nos constitui e que é a nossa primeira e principal porta de acesso a qualquer experiência do real. Jesus cruzou com as mulheres *as portas da corporalidade e do contato.*

O corpo das mulheres é o "lugar de Deus": isso foi o que Jesus lhes revelou. Contudo, também era para elas o lugar por onde passava sua discriminação: o ciclo menstrual que as tornava impuras, o abuso sobre seus corpos que as marginalizavam e as julgavam. Um corpo considerado frágil, impuro e tentador. Para Jesus, por outro lado, parece que, *em forma de mulher,* vem os dons de Deus, pois, sempre que Jesus é ungido, é uma mulher que o faz. "Jesus, ao tocar ou ao se deixar tocar, anula os códigos sociais e religiosos de seu tempo e proclama que os corpos das mulheres não são um lugar impuro que necessite de uma constante purificação, mas, sim, um lugar de salvação."[3]

"Se este homem fosse profeta, saberia bem quem é a mulher que o toca" (Lc 7,39), pensou Simão, o fariseu, consigo mesmo. "Vês esta mulher?" (Lc 7,44), pergunta-lhe Jesus. A vês de verdade? Vês o dom de sua proximidade, de sua hospitalidade? Vês como todo o seu corpo

---

3. CALDUCH, N. *El perfume del Evangelio*. Estella: Verbo Divino, 2008, p. 33.

se dispôs para me receber? Podes acolher sem escandalizar-te com sua ternura, com seus gestos de amor, com sua grande generosidade?

As mulheres tiveram, a partir dos próprios corpos vulneráveis, um acesso único ao corpo de Jesus: o tocaram, o ungiram, o beijaram. É como se, por meio delas, Jesus tivesse experimentado a proximidade, a intimidade e o contato desse amor incondicional do Pai: "Não me derramaste água nos pés – disse Jesus ao fariseu –, não me deste um ósculo, não me derramaste óleo na cabeça; ela, ao contrário, regou-me os pés com lágrimas e enxugou-os com os cabelos. Não parou de cobrir-me os pés de beijos. Ungiu-me os pés com perfume" (Lc 7,44-47).

Os encontros de Jesus com as mulheres que percorrem os Evangelhos ocorrem na segunda etapa de sua vida, chamada de *segunda viagem*, no seu percurso de maturidade, que vai geograficamente da Galileia até Jerusalém. É o tempo de doação. Quando queremos nos identificar com Jesus, estamos acostumados a contemplá-lo *doando-se*: entregando seu tempo, seu afeto, sua presença curadora, oferecendo palavras de conforto e ânimo, denunciando as injustiças e os abusos de alguns homens sobre outros... E tudo isso era uma realidade muito forte em sua vida. Mas é preciso contemplá-lo também *recebendo*, nesse intercâmbio mútuo de saberes e de dons que Ele teve com as mulheres. Com elas, cruzou *as portas da receptividade e da doação*.

Durante os primeiros nove meses de nossa gestação, tudo o que somos nos é dado. A vida no ventre materno é pura receptividade. Somos aquilo que recebemos. Desse receber depende todo o nosso desenvolvimento. Vamos nos fixar em como Jesus aprendeu também a crescer em receptividade sob o amparo de algumas mulheres, sobretudo daquela mulher pagã e estrangeira que inclinou o corpo diante dele para pedir algo não para si mesma, mas para sua filha enferma (Mc 7,24-30).

Jesus baseia-se nas experiências e nas imagens das mulheres para falar do Reino: a mulher que coloca o fermento na massa (Lc 13,20-21), a que busca a moeda perdida e se enche de alegria ao encontrá-la (Lc 15,8-10). A dimensão feminina da vida evoca em Jesus as imensas possibilidades que a receptividade abre em nós.

Em nosso mundo globalizado, no epicentro da ferida Norte--Sul, nesse entorno virtual que nos envolve e nos configura, as mulheres continuam nos convidando a seguir Jesus de Nazaré: Ele que passou fazendo o bem e expulsando demônios, Ele *que pertence aos que nada têm*; e nos ensinam como servi-lo com toda a nossa corporeidade, sem deixar nada de fora: com toda nossa energia, nosso amor e nossa pobreza.

Em seus encontros com Jesus, as mulheres foram *surpreendidas, visitadas, curadas, enviadas, entregaram-se*, sentiram-se *sustentadas e benditas* e, por isso, se convertem para nós em mistagogas, em condutoras, para a experiência de Deus e para relações profundas com os outros. Jesus também cruzou com elas *as portas da amizade e do agradecimento*.

"Eu sou a porta" (Jo 10,9), nos diz Jesus. E, para Ele, também Marta de Betânia e sua irmã Maria, a mulher hemorroíssa, a cananeia e a viúva pobre se convertem em portas para a vida. Que aprendamos com as mulheres do Evangelho como abrir e cruzar essas novas portas no tempo que nos cabe viver! Que elas reúnam as vozes que necessitamos ouvir dentro de nós!

"Eis que pus à tua frente uma porta aberta – diz Jesus – que ninguém poderá fechar" (Ap 3,8).

> Aproxima-te desta nova porta
> com grande confiança em teu coração,
> porque tens muito a oferecer.
> Abre cada nova porta com ânimo,
> tendo teus sonhos bem presentes...
> Sabendo que o mundo está esperando
> a bondade e o amor que levas contigo[4].

---

4. Citado em RUPP, J. *Abre la puerta*: introspección en el verdadero yo. Santander: Sal Terrae, 2008, p. 211.

1
SURPREENDIDAS

1.1 Marta de Betânia: habitar a própria casa

Recordo-me que muitas vezes meu pai me dizia que todo ser humano, a personalidade de cada um, é como um cubo colocado sobre a mesa. Existe uma face a qual todos podemos ver (a de cima); faces que alguns podem ver e outros não (as dos lados); uma face que só quem vê são os outros (a que está à nossa frente; e uma face oculta a todos, aos outros e a nós mesmos (a face na qual o cubo está apoiado)[5].

Lucas 10,38-42: "Certa mulher, chamada Marta, recebeu-o em casa"

Começamos com duas mulheres no primeiro dia de *Princípio e Fundamento*, Marta de Betânia e Maria de Nazaré. As duas estão *dentro de casa*. Aceitar o convite para entrar, para contar como estamos, de onde vêm *nossas agitações e os ruídos*. Poder sentir a minha casa muito amada e reconhecer o Hóspede que nela habita em segredo.

O que chama nossa atenção em Marta e Maria? Em todos os seus encontros com Jesus, essas mulheres estão "em casa", dentro de casa. O primeiro movimento é adentrar no interior da minha própria casa, naqueles lugares profundos que existem em cada uma de nós. Recupere a chave, entre sem medo, vá abrindo todas as suas portas.

Dizem que passamos a vida buscando um lugar, aprendendo o caminho de volta a essa condição que reconhecemos como *habitar a própria casa*. Todas ansiamos por um lar onde possamos ser

---
5. ABAD FACIOLINCE, H. *El olvido que seremos*. Barcelona: Seix Barral, 2006, p. 226.

nós mesmas sem ter de nos esconder nem fingir; um lugar onde as coisas também podem ser o que são. *Abrigo e proximidade* é o que almejamos.

Betânia, *casa do pobre*, simboliza um lugar de abastecimento, de alimento no seu sentido mais amplo: afeto, descontração, sensibilidade, cuidado, atenção, presença e ternura. Para Jesus, Betânia é um lugar de intimidade e de descobertas. Ele busca ser recebido na casa dessas mulheres, em um anseio tão humano de companhia, hospitalidade e contato. "Todos temos algo em comum, a saber: uma necessidade imensa de intimidade. A intimidade é algo sagrado" (Sobunfu Somé).

Vamos nos deter nesse desejo de intimidade que habita em nós e que Jesus também viveu. Esse desejo de entrar na casa interior da outra pessoa e de oferecer a nossa própria casa a outros. Por trás das nossas agitações emocionais, existe um desejo de comunhão. Nossa sociedade está construída em volta do mito da união sexual como sendo o ápice de toda intimidade, mas precisamos aceitar as limitações da intimidade que agora podemos conhecer. O sonho da comunhão plena é um mito: cada ser humano conserva sua solitude, um espaço ao seu redor que não pode ser eliminado. Certamente, nenhuma pessoa pode nos oferecer essa plenitude de realização que desejamos. Já disse Jean Vanier: "A solitude faz parte do ser humano, porque não existe nada que possa preencher completamente as necessidades do coração humano".

"Marta, Marta"

Quando aprendemos a conviver com a solitude, podemos descobrir também uma agradável intimidade com os outros. "Intimidade" vem do latim *intimare*, que significa estar em contato com o que há de mais profundo na outra pessoa. Ser íntimo é sentir alguém dentro do peito e próximo do coração. Queremos aproximação profunda com a vida das pessoas, mas, para estar em contato com o que está no mais íntimo de outra pessoa, necessito estar em contato comigo mesma, com o mais profundo em mim.

Recordemos a cena em Betânia e o que diz Jesus: "Marta, Marta, tu te inquietas e te agitas por muitas coisas; no entanto, pouca coisa é necessária" (Lc 10,41). Quem de nós já não repetiu tantas vezes: "Sou como Marta"? Digo para me referir ao fato de que andava daqui para lá dispersa, agitada, sobrecarregada... e nada presente. Sobretudo, *nada presente*.

Assim dizem dela: "Marta é a escrava do olhar dos outros, da sua reputação – como o filho mais velho da parábola –, obcecada por uma obrigação em que o desejo está ausente, e que só pensa no que os outros esperam dela... Está aqui, mas gostaria de estar em outro lugar; inveja o que Maria vive, em vez de construir-se a partir do que ela é" (S. Pacot). Essa é uma grande fonte de sofrimento para nós: desejar o que os outros vivem em vez de nos construir a partir do que somos.

Não tenho de ser a outra pessoa, não tenho de mudar: só tenho de me aceitar como sou e deixar Deus fazer a sua obra de transformação nesta casa da minha vida que Ele conhece tão profundamente.

Se nos fixarmos um pouco mais, na verdade, Marta não fala de Maria a Jesus, mas a censura é para si mesma: parece que não se sente bem na própria pele. Não é Jesus quem emite um juízo de valor, mas sim a própria Marta.

Jesus chama Marta por duas vezes, evocando o modo como Moisés foi chamado diante da sarça ardente, porque o lugar que ela pisa, a própria casa, também é sagrada, e há nela *um fogo que não se consome*. Como Marta vai aprender a tirar as suas sandálias?

Não é pelo que é, mas pelo que Marta *interpreta que é*, pela inquietude que é criada em seu interior: como vê a si mesma. Acredita que Maria está sendo reconhecida e ela, não; crê que é melhor para Jesus ser ouvido do que ser servido; crê que Maria vive uma maior intimidade.

Podemos sentir que Jesus acompanha Marta com um olhar de carinho em seu ir e vir. Mas Marta *se sente sozinha no seu serviço*. Não experimenta a companhia de Jesus como presença. Sente-se mal por ela também não poder estar sentada aos pés de Jesus e se agita expressando sua necessidade. "Dize-lhe que me ajude" (v. 40).

Jesus a atrai para si: "Marta, Marta" (v. 41). Ela lhe é duplamente querida, como se quisesse dizer a ela: "Não me preocupo com o que fazes ou deixas de fazer; o mais importante é que estou aqui para estar contigo. Agrada-me o que fazes". O desejo de Jesus é que Marta viva acompanhada e tranquila com Ele dentro de casa. Atenta, consciente: "Não te inquietes, Marta. Está tudo bem que sirvas, pois, da mesma forma que estou com Maria, estou contigo. Não é necessário que estejas sentada aos meus pés para amar-te mais. O que quero é que possas sentir meu amor, para ti e em ti, enquanto trabalhas". Os erros machucam, mas também nos ensinam, e Marta vai aprender com o que foi vivido nesse momento, vai aprender a viver sob o signo da bênção.

VIVER SOB O SIGNO DA BÊNÇÃO

Na Bíblia, o primeiro contato entre Deus e o homem nasce no horizonte de uma bênção. Deus se aproxima de nossas vidas para abençoá-la (Gn 1,28).

O que significa recebermos essa bênção? Significa que, na origem de tudo quanto sou, há um olhar que me acolhe com toda a minha realidade latente e me faz existir. *Vim à vida pelo desejo e pelo olhar de bondade de Outro.* Isso é o que constitui minha verdade última. Não dou vida a mim mesma; recebo os meus genes e o precioso presente da liberdade para ir tecendo a minha história.

Vamos olhar agora os corpos dessas duas mulheres, porque os corpos revelam. O corpo não é só algo que possuo. É o meu ser como dom recebido dos meus pais e de seus pais antes deles, e, em última instância, de Deus. Qual dos dois corpos evoca mais o corpo de Jesus? Se percorrermos os Evangelhos, o encontraremos na maioria das vezes a caminho, em movimento para os outros: estendendo as mãos, aliviando sofrimentos, compartilhando refeições, servindo... Na verdade, não é a corporalidade de Marta que aqui está mais configurada com a do próprio Jesus? O que nos é mais fácil: vivermos unidos quando tomamos um tempo de retiro, quando nos sentamos para rezar, ou quando estamos no corre-corre da vida? E esse dom pertence à vida.

Somos mulheres em processo, e a vida é movimento e mudança contínuos. A única coisa fixa do planeta é a ideia fixa! Na natureza não há nada definitivo; tudo é temporário, etapa e transformação. Inclusive as montanhas estão em movimento.

Em nosso momento presente e ao longo de toda a nossa vida, precisamos viver como *mulheres em processo*; isso implica tempo e transformação. Estou a caminho de ser eu mesma, não estou acabada, concluída. Sou mais que a história da minha vida, mais do que o trabalho que venho realizando em mim, mais do que os outros dizem de mim. O mistério de minha identidade está escondido no amor e na misericórdia de Deus.

Jesus chama a atenção de Marta para que ela não se identifique tanto com a sua função, com seus afazeres, mas que caminhe para o seu "eu profundo". Lembra que ela também é amada, que tem valor, mas que é ela mesma quem tem que escolher a vida, que ninguém poderá realizar esse ato em seu lugar, que cada um é responsável pela própria vida. E se o convite fosse para ela ser *Marta por completo*, para poder se desapegar de todo o seu ser e sair das redes das comparações?

Um centro de disponibilidade e amor

O aprendizado que Marta vai fazer é o de acolher o que está por vir e acolher a si mesma, liberando tudo aquilo que provoca "ruídos" em sua vida: a comparação, o julgamento, a rejeição, a lamentação, entrando na realidade a partir de um silêncio respeitoso. "O excesso de ruído obstrui o caminho do coração e para o coração. O excesso de ruído não provém da atividade, mas do ativismo, ou seja, de um modo tenso e nervoso de fazer as coisas" (J. Meloni).

Fazer o mesmo que se faz a partir *desse lugar interior*, com *um coração desperto*. As coisas aparentemente se desenvolvem de modo igual, mas estamos situadas em modos diferentes e somos capazes de dar as boas-vindas ao que acontece, mesmo que não possamos alcançar e compreender o todo.

E se eleger a *melhor parte*, a parte boa, fosse viver a partir desse centro, acolher Deus em nós em toda a realidade, por meio de todas as coisas? Assim o intuía simplesmente Etty Hillesum:

> Ajoelho-me de novo sobre o áspero tapete de casca de coco, com as mãos cobrindo o rosto, e oro: "Senhor, faz-me viver de um único grande sentimento. Faz-me cumprir amorosamente as mil pequenas ações de cada dia e, ao mesmo tempo, levar todas essas pequenas ações a um único centro, a um profundo sentimento de disponibilidade e amor". Então o que eu faça, ou o lugar em que me encontre, já não terá muita importância[6].

Essas mulheres serão conduzidas a esse profundo "centro de disponibilidade e amor", a essa parte boa que ninguém lhes pode tirar nem roubar.

Tomar um tempo para entrar em minha casa, percorrer seus cômodos, olhar para ela. Observar o mistério de minha própria vida habitada: "Cada ser humano que nasce no mundo é uma revelação única e irrepetível de um dos nomes ocultos de Deus" (Ibn Arabi).

Orar com Maria de Betânia

O convite é para entrar em minha própria casa, receber essa Presença maior que a habita, que vem colocar ordem e expandi-la. Acolher-me tal qual me encontro, não como acredito que deveria encontrar-me, mas com tudo o que trago. Acolher-me em minha própria casa, para poder acolher a outros. Conhecê-la, respeitá-la, dispô-la... para poder oferecer esse lugar de intimidade e de profundidade que habita em mim.

Lc 10,38-42: *"Estando em viagem, entrou num povoado, e certa mulher, chamada Marta, recebeu-o em sua casa".*

– Reconhecer que muitas vezes ando correndo ao redor da casa e não tenho tempo para entrar nesse lugar secreto a par-

---

6. LEBAU, *op. cit.*

tir de mim mesma, onde estão as fontes da minha vida; descer a esse lugar, hoje.

Escutar como Jesus me diz: *"Desce depressa, pois hoje devo ficar em tua casa" (Lc 19,6).*

"Uma pessoa sem casa é uma pessoa dispersa e perdida. Cada casa tem o espírito e a alma de quem nela habita. A casa resume o que nela foi vivido: alegrias, dores, despedidas, encontros... A casa que somos transmite aquele que ali habita: Deus. Nosso silêncio é abertura ao ser divino que está em nossa morada. Em uma casa tudo é compartilhado: os momentos de alegria e de tristeza, tudo se celebra em casa, esse amor que se faz presente nessas situações tão diversas de nossas existências. Entrar em casa é regressar ao coração da minha vida. Nesse lugar onde encontro sustento e repouso. Descansamos ao entrar no coração... Ainda não colocamos as mãos em todos os lugares de nossa casa; colocar as mãos é colocar o amor" (J. F. Moratiel).

Adentre-se ao interior de sua casa pela respiração, com as chaves da solitude e do silêncio.

Reconhecendo-a:

– Como está a minha casa neste momento da minha vida? Quais são os seus fundamentos? Sobre o que está construída?

– Mantenho nela lugares fechados que me custam abrir, locais nos quais apenas eu posso entrar?

– Em quais cômodos, em quais lugares da casa, estou a maior parte do tempo?

Habitando-a:

– Olho para Marta e me pergunto: "Onde moro naquilo que vivo e naquilo que faço? Consumo-me compulsivamente ou vou vivendo centrada, presente? O que me torna dispersa e agitada, vivendo fora do meu centro?"

– O que necessito para sair da roda das comparações, da queixa, do julgamento rápido, dos ruídos?

– Como me dou alimento e descanso psicológico, físico e espiritual, para não cair no ativismo?

Que nomes o Senhor quer dar para a minha casa?

– Lugar de descanso, de encontros, uma casa de paz, uma casa de boas lembranças, uma casa para aprender a envelhecer, uma casa para iniciar outras viagens ou iniciar outros projetos...? Qual nome Ele dá a esta etapa da minha vida?

Saboreie e internalize

"Se Iahweh não constrói a casa, em vão labutam os construtores" (Sl 127,1).

"Deus dá uma casa aos solitários" (Sl 68,7).

"Eu sou Iahweh teu Deus, aquele que te fez sair da terra do Egito, da casa da escravidão" (Dt 5,6).

"Quanto a mim, por teu grande amor entro em tua casa" (Sl 5,8).

"Minha casa está em ruínas, mas tu, Senhor, vives nela" (T. Merton).

"Na oração, descobrimos continuamente que o amor que estamos buscando já nos foi dado e que podemos ter experiência dele. A oração é entrar em comunicação com ele, que moldou nosso ser no ventre de nossa mãe com amor, só com amor. Ali, no primeiro amor, está nosso verdadeiro eu; um eu não feito de rejeições e aceitações daqueles com quem vivemos, mas solidamente enraizado naquele que nos chamou à existência. Fomos criados na casa de Deus. Somos chamados a regressar a essa casa. A oração é o ato de regresso" (H. Nouwen).

Terminar agradecendo o fato de que, o mesmo Senhor que constrói nossa casa, conhece seus planos e habita silenciosamente nela.

A luz da minha casa vem de dentro...

A ordem vem sempre de dentro...

Toda a natureza se abre a partir de dentro...

1.2 Maria de Nazaré: criatura amada, capaz de amar

Ninguém se dava conta do seu vaivém nos corredores e salas. No mundo das passarelas, aqueles corpos perfeitos, ou quase perfeitos, se moviam com uma graça invejável. Ela limpava tudo da melhor maneira que podia e recolhia os restos do descuido dos cisnes.

Sua figura era a antítese: com suas pernas arqueadas, que ocultava sob as longas saias, suas costas um pouco encurvadas, seus seios pequenos, quase invisíveis... Quem a perceberia? Quem lhe faria um elogio? Quem a presentearia com uma flor, quando passasse? Quem a convidaria para um baile ou lhe pediria um autógrafo?

E, com tudo isso, o que não compreendia era como se sentia tão estranhamente feliz sendo só ela mesma e ninguém mais[7].

Lucas 1,26-38: "Encontraste graça junto de Deus"

Precisamos aprender a descalçar as sandálias diante da terra da nossa vida, que é sagrada, porque nela habita uma Presença maior. Reconhecer a existência de um Criador, de um Senhor, de um Dono da vida significa nos posicionarmos com reverência diante dela. Não damos vida a nós mesmas; a recebemos de Outro. Reconhecer que tudo é dádiva, e o que realmente importa na vida é só receber e acolher essa dádiva.

Experimentamos e contemplamos, ano após ano, a transformação da natureza por meio dos seus ciclos naturais e da beleza de cada estação. Mas as nossas sociedades escondem a enfermidade, a fragilidade, a dor, a morte. Entretanto, para crescer, necessitamos olhá-las de frente. O caminho da integração envolve a experiência de vivermos, como o resto da natureza, um processo de transformação (V. Madoz).

Recuperar o sentido de ser criatura, aceitando com humildade essa condição de fragilidade ao mesmo tempo frágil e cheia de possibilidades, porque nos abre à Origem da Vida, ao Deus criador, ao amigo da vida (Sb 11,26), que carregamos dentro de nós e que continua apostando em nós.

---

7. MÁRQUEZ, M. *Amanece em Malpica*: cuentos para despertar. Burgos: Monte Carmelo, 2003.

Maria, Maria de Nazaré, está em casa quando se deixa surpreender, quando vai receber um novo olhar e um novo sentido para a sua vida até então, e deixa que Deus a recrie inteiramente, a bendizendo profusamente.

CRIATURA AMADA, CAPAZ DE AMAR

Nossa verdade fundamental não é apenas nossa condição de criaturas, mas a de sermos criaturas infinitamente amadas. Pensamos que é preciso sermos boas para que Deus e os outros nos queiram bem, e nos custa aceitar que Deus não nos ama porque somos boas, mas que nos ama pelo fato de nos ter presenteado a existência. Seu amor precede minha vida e meus passos, está no princípio, no meio e no final do caminho: essa foi a experiência de Maria. Vamos *nos abrir a esse mistério assim como Deus fez nela.* Contemplar isso é fonte de grande esperança, porque foi um processo *acontecendo* pouco a pouco. Houve um tempo, um espaço e um modo de preparar sua vinda que mostra que Deus está disposto a se entregar e a nos surpreender.

Teria o anjo já visitado outra mulher da casa de Israel? Não o sabemos. Sabemos que Deus precisou da permissão de Maria para que Jesus se fizesse realidade. A partir daí, toda mulher é boa. Toda mulher é potencialmente geradora do amor de Deus na terra.

Nós mulheres levamos em nossos corpos um espaço adequado para que a vida nos habite: esta é a chave de nosso *Princípio e Fundamento*. Algumas não seremos esposas ou mães, entretanto, nossos corpos conhecem os processos, os ritmos e os ciclos da vida. Temos um corpo aberto para o encontro, marcado temporalmente pelo sangue, uma capacidade interna e externa de carregar, liberar e nutrir a vida[8]. Voltar a essa Fonte que nos possibilita gestar uma vida, carregá-la e alimentá-la.

O "faça-se" de Maria reflete o "faça-se" de Deus na criação. Com o seu *fiat*, seu "sim", algo começou a germinar em suas entra-

---

8. Gioconda Belli o expressa delicadamente em seu poema *Maternidad*: "Meu corpo, / como terra agradecida, / vai se expandindo. / Já as planícies do meu ventre / vão assumindo a forma / de uma redonda / colina palpitante, /enquanto por dentro, / em quem sabe que mistério de água, sangue e silêncio, / vai crescendo, como um punho que se abre, / o filho semeado / no seio da minha fertilidade" (BELLI, G. *El ojo de la mujer*. Madri: Visor, 2007).

nhas. O "faça-se" de Maria é gerador de processos de vida. Eu poderia dar um "sim" à minha vida neste momento? Poderia pronunciar um "faça-se" para a vida tal como ela é?

Dizem que necessitamos de *três sins mais um* para crescer, para ser o que somos: dois deles os recebemos, e os outros dois os damos.

O *primeiro* que recebemos, e às vezes o último que descobrimos, é o primeiro "sim" de Deus à nossa vida, a afirmação profunda que nos mantém na existência. Nesse "sim" de puro amor, respiramos e somos.

O *segundo* é o daqueles que nos tomaram nos braços ao nascer, nossos primeiros cuidadores: nos alimentaram, nos protegeram, nos acompanharam com o que tinham de melhor e também com as suas feridas. Seu *sim* nos permitiu crescer e ocupar nosso lugar único no mundo.

O *terceiro sim* o damos. Este, às vezes, nos custa mais. É o *sim* que oferecemos a nós mesmas, a assunção da nossa própria vida em sua profundidade, em sua ambiguidade, com as adversidades da sua história e com toda a sua beleza e as suas possibilidades ainda por se manifestar.

O *quarto sim* é o que nos faz mais parecidas com Deus. É o *sim* que damos aos outros para também afirmarem as próprias vidas com tudo, não deixando nada de fora; uma afirmação que cura e fortalece. É o *sim* que Isabel deu a Maria quando esta foi visitá-la. Está pleno de reconhecimento, de respeito e de alegria pelo trabalho secreto de Deus em cada um: "Bendita és tu, bendito és tu".

ACEITA INCONDICIONALMENTE

Maria foi uma mulher disposta a escutar seu coração, a perceber o que acontecia em seu interior. Precisamos aprender com ela a dirigir a nossa atenção para a intimidade da alma e a repousar em nosso centro. Nada que vem de fora pode nos penetrar; o conhecimento se encontra em nosso interior, as transformações acontecem no nosso interior. É nesse centro interior que nos encontramos com nosso núcleo, com o que somos por essência. Nesse lugar, nessa essência, podemos ignorar a necessidade de estar à altura, de depender da aprovação de outros para sermos nós mesmas.

A escritora Esther Harding, depois de ter investigado o significado da palavra "virgem", assim explica:

> Virgem é a mulher que se encontra em harmonia consigo mesma, que faz o que faz não porque queira ficar bem, ou deseje ser estimada ou busque atrair a atenção ou o amor de outra pessoa, mas porque o que faz é verdadeiro, porque está de acordo com o seu ser mais íntimo[9].

Uma das nossas necessidades mais básicas é a de sermos aceitas, de sermos apreciadas. Precisamos ser amadas para viver. Mas o que significa ser amada? Fundamentalmente me sentir aceita pelo que sou. Essa aceitação me dá um sentido de autoestima, um sentimento de dignidade, uma sensação de valor da própria vida. O amor incondicional que Deus tem por nós nos cura das nossas compulsões. Ele me ama como sou, não como eu deveria ser. Só posso caminhar a partir do meu ponto de partida, e é necessário aceitar as coisas como elas são. Não tenho de tentar ser outra pessoa, não irão gostar mais de mim por isso. Tenho o direito e o privilégio de me deixar ser quem sou. Não preciso sair por aí tentando esconder áreas da minha vida. Posso ser eu mesma, e não acontece nada. Todo o meu "eu" está sob o olhar de Deus, estou pronta para a relação com Ele e com os demais. Ele me deu este corpo, minha sexualidade, meu temperamento, os genes herdados. "Não temas, alegra-te... Encontraste graça junto de Deus", e vem despertar nossa vida profunda que estava adormecida e nos resgatar da imagem que temos de nós mesmas ou que os outros têm de nós.

É esse "sim" profundo à nossa vida, essa aceitação, que nos permite desenvolver nossas potencialidades porque alguém acredita em nós, dizer "sim" às novas dimensões que querem emergir em nós. Quando somos admiradas pelo que fazemos, deixamos de ser únicas, porque alguém pode vir e fazer o mesmo, ou talvez melhor, mas, quando se é amada pelo que se é, então nos tornamos únicas e insubstituíveis.

---

9. HARDING, M. E. *Los misterios de la mujer*. Barcelona: Obelisco, 2005.

"Deus viu tudo o que tinha feito: e era muito bom" (Gn 1,31). Voltar esse olhar para a minha vida, e, sob esse olhar de amor, me descobrir como Maria.

CRIADA PARA LOUVAR

Viver como uma criatura amada e com um projeto: "Criada para louvar, fazer reverência e servir a Deus nosso Senhor..." (EE 23), e tudo mais "à medida que" me ajude a atingir esse fim; ser indiferente a tudo mais e eleger o que mais me conduz ao fim para o qual fui criada.

Conscientizo-me de que sou criatura amada e do que tenho de fazer para viver isso, de eleger as coisas "à medida que" e de fazer-me indiferente.

Mais que uma tentativa ascética da vontade para ser indiferente diante das coisas, trata-se de ter um apaixonamento tão grande por *outra coisa* que tudo mais fique na sombra dessa paixão, e a partir disso poder desejar e eleger o que mais me conduz a esse fim. Que o desejo de Deus, pelo qual fui criada, e meu próprio desejo cheguem a coincidir. Não quer dizer que as coisas não possam se interpor entre mim e Deus, mas o que se trata é de incorporá-las adequadamente ao serviço, de integrá-las todas para Deus (J. A. García).

Somos criaturas a quem nos é dado o precioso dom da liberdade. Deus nos faz capazes de amar e ser livres. O principal na nossa vida não é renunciar, mas eleger, e eleger bem a partir do amor. Estar no aqui-agora de uma forma incondicional, poder amar não somente as pessoas, mas também "o que é" em nossa vida.

Pedir a Maria que nos ensine como ela foi fazendo isso ou, melhor ainda, como ela deixou que Deus fizesse isso nela. O *Princípio e Fundamento* afetivo vai tecendo-se por meio da experiência de ser chamadas por Deus à existência, de ser criadas e de ser abençoadas junto com toda a realidade. Perceber que faço parte deste mundo que Deus tanto ama. Ser criatura preciosa entre as demais criaturas. Saber que sou criada para louvá-lo, para servi-lo nos rostos mais feridos, para reverenciá-lo alegre e silenciosamente em cada ser vivo da sua criação.

Escreve Dag Hammarskjöld:

> Ao repousar no centro de nosso ser, vamos ao encontro de um mundo em que tudo repousa em si mesmo da mesma maneira. Então a árvore se torna um mistério, a nuvem uma revelação e o homem, um cosmos cuja riqueza apenas vislumbramos[10].

Junto a Maria de Nazaré

Dedique um tempo para "sentir" a criação. "Perceba" a vibração da natureza. "Escute" o silêncio, o vento; identifique os sons. "Observe" a paisagem, o céu, os detalhes. "Respire" e busque identificar os odores. Apure sua sensibilidade ao contato com o sol, com a brisa, com as sombras.

Orar com minha história

Fazer memória, voltar a passar pelo coração a minha história de salvação. Vou relendo *sob o sinal da bênção*: desde o ventre da minha mãe e minha infância, adolescência e juventude, o tempo da maturidade e a vida adulta, acolher e reviver aquilo que me nutre.

– Qual é o modo pelo qual Deus tem me conduzido?

– Em que momentos, etapas, o senti me acompanhando, me ajudando a crescer, me libertando...?

– Depois de cada etapa, com suas dores e seus frutos, vou pronunciando: "Tudo foi feito por Ele".

– Recebo uma nova história, escrita a partir de seu olhar. Peço a graça de aceitar a minha vida tal como tem sido, tal como ela é; e a acolho, agradecida, porque Deus mesmo a ama assim, com tudo o que a integra.

– Posso pronunciar internamente um "faça-se", um "sim" à minha história em sua totalidade, sem deixar nada de fora, assumindo tudo em Deus?

---

10. HAMMARSKJÖLD, D. *Marcas en el camino*. Madri: Trotta, 2009. Hammarskjöld foi secretário-geral da ONU entre abril de 1953 e 18 de setembro de 1961, quando faleceu em um acidente.

Orar com a Palavra

Is 62,1-5: "Receberás nome novo, que a boca de Iahweh designará".

Is 54,10: "Os montes podem mudar de lugar, [...] porém meu amor não mudará".

Lc 1,26-38: "Alegra-te cheia de graça, o Senhor está contigo!" Maria foi uma mulher disposta a escutar em seu interior. Necessitamos aprender com ela a dirigir a atenção para a intimidade da alma e a repousar em nosso centro.

– "Não temas, Maria! Encontraste graça junto de Deus" (Lc 1,30).

– "Deus viu tudo o que tinha feito: era muito bom" (Gn 1,31). Voltar de novo e continuamente a essa voz, a esse olhar sobre a minha vida. O olhar que descobriu Maria.

Contemplar Maria: ver como ela recebe, como se abre, como está presente ao que acontece, como teme e confia ao mesmo tempo.

– Converse com ela, imagine que está indo a Nazaré para lhe contar como está neste momento da sua vida, e deixe que ela também lhe diga algo.

"Fui criada para louvar, fazer reverência e servir a Deus, Nosso Senhor".

– *Louvar:*

E se eu fosse capaz de viver louvando, de introduzir o gratuito em minha vida?

– *Fazer reverência:*

E se eu fosse capaz de viver respeitando os outros e a Deus, respeitando sua liberdade, sem pretender usá-los jamais para meus interesses pessoais?

– *Servir:*

E se eu fosse capaz de sair de mim, colocando-me a serviço dos demais como o centro da minha vida?

2
Visitadas

2.1 Mulheres na genealogia de Jesus

Honrar nossas raízes

Na genealogia de Jesus oferecida no Evangelho de São Mateus, aparecem quarenta e seis antepassados: quarenta e um homens e cinco mulheres. Uma das cinco mulheres, Maria, concebeu sem pecado, como bem se sabe. Porém as demais que ali figuram na ancestralidade são:
Tamar, que, para ter um filho com o sogro, se disfarçou de prostituta.
Raab, que exercia esse ofício na cidade de Jericó.
Betsabeia, que estava casada com outro quando gerou Salomão no leito do rei Davi.
E Rute, que não pertencia à raça eleita e consequentemente era indigna da fé do povo de Israel.
Três pecadoras e uma desprezada: malditas na terra foram as avós do filho do Céu[11].

Mateus 1,1-16: Raab, Tamar, Rute e Betsabeia

As relações que estabelecemos são fundamentais para o sucesso de nossa jornada nesta vida. Dizem que a qualidade da vida depende da qualidade de nossas relações; e a qualidade de nossas relações está relacionada com a qualidade de nossa comunicação. "Sei que existo se tu me chamas", diz uma canção de

---
11. GALEANO, E. *Bocas del tiempo*. Buenos Aires: Siglo XXI, 2010.

Ana Belén[12]. Começo a existir porque há outros que me dão a existência. Todos pertencemos a um entrelaçamento de relações no qual fazemos parte ao longo de nossa vida, seja por obrigação, seja por escolha: a família de origem, nossos pais e irmãos, a rede familiar formada pelos demais parentes, as relações livremente escolhidas; a relação de comunidade, a relação de casal, as relações com os próprios filhos e a relação com o mundo como um todo.

Nesses sistemas de relações também ocorre uma complexa interação de necessidades fundamentais: a necessidade *de vinculação*, de estabelecer vínculos que nos mantenham unidos uns aos outros; a necessidade de manter um *equilíbrio entre o dar e o receber*; e a necessidade de *encontrar segurança* em nossas relações sociais. Nelas, reflete-se e cumpre-se a necessidade fundamental de todo ser humano de se relacionar intimamente com os outros (B. Hellinger).

Os africanos, ao conhecerem alguém, saúdam perguntando: "Quem és, irmão? De que povoado vens? A qual tribo ou comunidade pertences?"

Nos faz bem reconhecer que, o que temos de mais precioso na vida, recebemos:

> Temos a vida graças ao dom de outras pessoas, por meio da concepção, da gestação e do nascimento. Vivemos graças às bondades da natureza e graças ao trabalho, à generosidade e à companhia de outros seres humanos. Somos educados graças à doação que nossos mestres fizeram de si mesmos. Somos sustentados constantemente graças a uma série de dons: o amor, o perdão, a reconciliação, o prazer. Nossa vida inteira é o fruto de dons recebidos, e nós mesmos contribuímos com nossos dons para com a vida dos demais (W. Countryman).

AS RAÍZES DE NOSSA VIDA

Dizem que as quatro relações centrais da nossa vida, nas quais construímos nossa relação com Deus, são aquelas que estabelecemos com nós mesmos, com as pessoas mais importantes, com os demais e com tudo o que nos rodeia. E nessas quatro relações va-

---
12. Ana Belén (Maria del Pilar Cuesta Acosta), cantora, compositora e atriz espanhola.

mos amadurecendo os quatro chamados para a vida: o primeiro é o chamado à *identidade* ou a descobrir nosso eu único; depois vem o chamado à *intimidade*, dar a conhecer esse eu interno. Na sequência vem o chamado a *ser geradora*, a nos ocuparmos dos outros e do nosso ambiente; e, finalmente, o chamado à *integridade*, a nos apropriarmos do ser que somos, nossa única e irrepetível essência. Vamos trabalhando esses chamados ao longo de nossa vida. Neste segundo capítulo, continuamos orando nossa *identidade*. É o que Jesus descobre na experiência fundante do batismo. "Tu és..." (Mc 1,11), e esse *ser* se revela como amado.

Seguimos na experiência do *Princípio e Fundamento* porque existem formas de nos relacionar que também nos conduzem mais ao fim para o qual somos criadas. Prestamos agora atenção em nossa dimensão de relações, em nosso primeiro círculo de relações.

Em quase todas as línguas, a palavra "casa" também representa a família e a estirpe, além de residência onde as pessoas moram. A casa de cada um não pode nunca ser construída à margem da dos demais. Jesus pertencia à "casa de Davi". Por meio das mulheres que aparecem na árvore genealógica de Jesus – Tamar, Raab, Rute e Betsabeia (Mt 1,1-16) –, apropriamo-nos de nossas raízes. Um *bom judeu* teria removido o nome dessas mulheres de sua genealogia. Jesus assume a todas, não rejeita nada de suas raízes. Um provérbio africano diz: "Se a árvore quer florescer, que honre as suas raízes".

É tempo de honrar as relações que deram sustentação à nossa vida: os pais, os irmãos, os demais parentes. Recordá-los, reconhecer o seu lugar em nossa casa.

O amor tem muitas formas, muitas facetas, e a mais básica delas é a capacidade de reconhecer a bondade essencial dos outros, de aceitar suas limitações, de apreciar seus dons e de nos preocuparmos com seu bem-estar. Não podemos viver o amor de uma única forma: o experimentamos física, psicológica e espiritualmente, e em cada uma dessas dimensões o vivenciamos de forma diferente. As três formas estão relacionadas e atuam conjuntamente. Porém o peso e o sentimento do amor são diferentes quando o vivenciamos no âmbito físico do que quando o vivenciamos no nível psicológico ou espiritual.

O *amor físico* se experimenta na proximidade. O *amor psicológico* vai além: transcende a proximidade; mostra-se na benevolência para com os outros, na predisposição para a ajuda, na capacidade de compartilhar e de participar na alegria e na tristeza. O *amor espiritual* vai ainda mais além do amor físico e do amor psíquico: é amor de alma, que se move com o movimento do Espírito. É um amor sem exigências e sem expectativas. Simplesmente, é; simplesmente, está aí, sem nada desejar. O amor de alma percebe o movimento do Espírito; por isso pode deixar que tudo seja como é. Paulo canta esse amor em sua primeira carta aos Coríntios (1Cor 13,1-13).

Em nossa viagem ao encontro de ser quem somos, estamos no bom caminho quando caminhamos com esse amor do Espírito. Um amor que supera o que nos separa. Sobretudo, supera as ideias que nos separam dos outros. O amor de alma não tem intenção, está à disposição do Espírito, por isso se vivencia como reparador. Esse amor passa por nossos sistemas de relação, e, portanto, é muito importante esse primeiro círculo da nossa família de origem.

Reconhecer nossos pais

As relações que nos constituem são o tecido pelo qual circula nossa abertura para Deus, e é muito importante trabalhar bem o primeiro círculo, nosso primeiro sistema de relações, nossa família de origem. Dar um lugar a todos os membros de nossa família, ao nosso pai e à nossa mãe. Nossa família (pais, avós, tios...) nos transmitem a cultura, os valores, a fé, os conhecimentos.

Ao dar a vida, os pais também se doam, e os filhos devem recebê-los e honrá-los. Rejeitar total ou parcialmente um progenitor acarreta dificuldades para receber a vida por Ele doada. Aceitando plenamente os meus pais, recebo plenamente a vida. Reconhecendo meus pais, posso deixá-los para viver o meu projeto.

As atitudes iniciais dos pais são muito mais importantes do que as que terão mais tarde. O essencial que vem dos pais passa pela concepção e pelo parto. Tudo o que se segue depois é acréscimo e pode ser assumido por outras pessoas.

Uma filha somente estará em paz consigo mesma para encontrar a sua identidade se estiver em paz com seus pais.

Significa que os recebe e os reconhece tal como são. E receber o pai e a mãe é um processo independente das qualidades que se possa ter e é curativo. Não pode ser algo seletivo: isso quero e isso, não. Há que se receber os pais tal como são. Se aceitamos nossos pais, podemos aceitar a nossa vida. Todas as pessoas nascidas em uma família devem ser reconhecidas e ocupar um lugar digno e honrado. Simplesmente porque é assim. Não só porque merecem ou não. Se a família está completa, a pessoa se sente inteira. Isso não se refere somente a membros vivos. Ninguém pode ser excluído ou esquecido, por nenhum motivo. A pessoa deve aceitar a sua história familiar e pessoal tal como foi. Com tudo o que tem de bom e de ruim. Triste ou alegre. Amargo ou doce. Muitos sofrimentos provêm da incapacidade de dizer "sim" aos acontecimentos que ocorreram no âmbito familiar, na história da família. Há que se conseguir um "sim" que brota de dentro de nós. Um "sim" ao que somos, ao que recebemos e ao que não recebemos. Uma pessoa está completa quando pode dar esse "sim"[13].

Olhemos como a vida de Jesus aconteceu em um sistema familiar concreto. Ele assume suas raízes, aceita tudo de sua história familiar, integra todo o humano, com suas feridas e seus fracassos, suas alegrias, suas potencialidades. Recebe com amor sua árvore genealógica. Jesus também teve memória familiar de dor e prazer, e devemos colocar a nossa junto à dele.

Acolhemos o convite de receber a vida que nos foi dada de nossas fontes, de nosso pai e de nossa mãe, e daquelas pessoas às quais fomos nos vinculando fraternalmente nessa casa maior à qual pertencemos.

A FESTA

Alguém se coloca a caminho e, ao olhar adiante, vê ao longe a casa que lhe pertence. Segue caminhando até ela e, ao chegar, abre a porta e entra em uma habitação preparada para uma festa.

---

[13]. O contexto deste tema retirei de leituras sobre os trabalhos de Bert Hellinger, principalmente do livro de ULSAMER, B. *Sin raíces no hay alas*. Barcelona: Luciérnaga, 2006; e também do material da psicóloga Mª Gracia Cavestany, usado em um encontro que ministramos juntas.

A essa festa vêm todos os que foram importantes em sua vida: e todos trazem algo, ficam um tempo... e se vão. Assim, cada um vem à festa como um presente pelo qual já pagaram o preço total, não importando o que aconteça: a mãe – o pai – os irmãos – um avô – uma avó – outro avô – outra avó – os tios e tias; todos os que o acolheram, todos que cuidaram de você – os vizinhos e, quem sabe, amigos – professores – parceiros – filhos; todos que foram importantes na vida e os que ainda o são. E cada um chega, traz algo, fica um pouco e vai embora.
Como os pensamentos que vêm, trazem algo, ficam por um tempo e se vão. Assim como também vêm os desejos e as dores. Todos trazem algo, permanecem um pouco e se vão.
E assim também é a vida: vem, nos brinda com algo, permanece um pouco e se vai.
Depois da festa, a pessoa se encontra cheia de presentes, e somente permanecem ao seu lado aqueles a quem cabe ficar mais um tempo. Então, aproxima-se da janela e olha para fora: vê outras casas, sabe que um dia ali também haverá outra festa, à qual irá, levará algo, ficará um pouco, e irá embora (Bert Hellinger).

Orar nossas raízes

Mt 1,1-16: *Genealogia de Jesus*
Tamar (Gn 38,1-30).
Raab (Js 2,1-21; 6,17-25).
Rute: "Filha, não devo eu buscar-te repouso, para que sejas feliz?" (Rt 3,1).
Betsabeia (2Sm 12,1-24).
– Podemos começar com uma breve oração, aprofundando alguma das histórias dessas mulheres que estão apontadas na árvore genealógica de Jesus.

Honrar a vida recebida:
Tragamos ao coração as pessoas que formam parte de nossa família, presentes e ausentes, ou presentes de outro modo. Vamos olhá-las, recebê-las e agradecer também por seus dons. Dar a elas um lugar em nosso coração.

– Por meio da respiração, faço silêncio exterior e interior, e me disponho em sua Presença.
– Visualizo interiormente os membros que considero de minha família de origem (pai, irmãos, avós, tios...) e vou escrevendo seus nomes.
– Penso em minha história familiar, nos acontecimentos mais importantes que ocorreram, alegres ou tristes. O que sinto enquanto penso nisso? Isso me faz sofrer ou me traz alegria? Jesus também teve memória familiar de dor e de alegria. Coloco minha vida junto à dele.
Dialogo com meus pais, primeiro com um e depois com outro.
Faço silêncio, coloco-me em sua presença, visualizo-os e entro na cena.
– Como é essa imagem?
– O que estou sentindo?
– Escrevo uma carta a eles. O que penso em dizer-lhes? O que eles falam para mim? Tenho alguma pendência com eles, algo para lhes agradecer, algo a lhes perdoar, algo a lhes dizer e que não pude dizer...?
Visualizo uma foto com toda a minha família, meus avós, meus tios... e me incluo nela.
– Como me sinto?
– Coloco meus pais atrás de mim e recebo sua força para continuar meu caminho. Se deixei alguém de fora, incluo-o agora. Dou-lhes um lugar e reconheço a sua participação. Incluo-os em meu coração e em minha memória. Coloco-os definitivamente na foto. Visualizo a nova imagem da família onde todos estão incluídos.
– Como me sinto?
– Coloco o que experimentei junto a Jesus. Deixo-os em silêncio com Jesus: "Vós, a quem carreguei desde o seio materno, a quem levei desde o berço" (Is 46,3).

2.2 Isabel de Ain Karem e Maria: relações que fazem crescer

Esta história aconteceu em uma creche. A diretora observa o comportamento de uma jovem ajudante que tenta acalmar uma menina a qual sua mãe a levou pela primeira vez à creche. A menina está banhada em lágrimas e a ajudante tenta resolver o problema da forma que sabe. Primeiro lhe diz: "Não, pequenina, não fique triste. É bem divertido aqui, você vai ver", e, sem se dar conta, nega o sentimento da criança.

Depois lhe diz: "Olha, não deve ficar triste, há muitas meninas que não têm a sorte que você tem, de estar numa creche tão bonita, com brinquedos tão lindos", e agora, sem se dar conta, novamente a culpa. Dá a entender que seu sentimento é um erro e que a menina faz mal em estar triste.

Já um pouco cansada, ao final fala: "Estou me cansando dos seus gritos. Você realmente é difícil. Vou te deixar e voltarei quando estiver mais tranquila...".

Julga a menina e invalida o seu desconforto.

Ao ver isso, a própria diretora se encarrega da criança. Aproxima-se, agacha ao seu lado e diz: "Pequenina, você está sinceramente muito triste?"

"Sim", responde a menina, soluçando.

"Está triste e zangada também, não é?"

"Sim", diz a menina, ofegante.

"Você preferia ficar com sua mamãe esta manhã?"

"Sim", suspira a menina.

E a diretora suspira também e, olhando-a com ternura, propõe: "Quer vir brincar comigo?"

"Quero", diz a menina[14].

LUCAS 1,39-45: "BENDITA ÉS TU"

À luz do encontro entre Maria e Isabel, contemplando o modo como se encontram, tomamos consciência do entrelaçamento de relações que formam nossas vidas. É um tempo para orar pelas relações, para identificar as que necessitamos continuar cuidando e

---

14. D'ANSEMBOURG, T. *Deja de ser amable, ¡sé auténtico! Cómo estar con los demás sin dejar de ser uno mismo*. Santander: Sal Terrae, 2003.

aquelas que se perderam e desejamos reparar. Também para agradecer as relações que nutrem a nossa vida. Trazer ao coração as pessoas que nos são importantes e que nos fizeram gostar da água do amor em nós, bem como de seus bons efeitos. Fazer a colheita para poder ofertar, recolher pequenos gestos de carinho, de escuta, de confiança, de paciência... que tiveram para conosco.

Depois de ser surpreendida por um anúncio que explode dentro de si, Maria se coloca em movimento. Caminha até Ain Karem para visitar sua parente Isabel. As duas unem suas vidas nessa cadeia de mulheres cujas carências e vazios são visitados e potencializados por Deus.

Apoiarmo-nos mutuamente

As duas mulheres se encontram em diferentes momentos vitais: Isabel, na terceira etapa de sua vida; Maria, ainda na primeira. Uma, estéril e anciã; a outra, jovem e celibatária. Ambas, portadoras de uma vida maior que elas mesmas, conhecedoras do mistério que crescia dentro de si.

Devido à gravidez, as duas se encontram fora da norma social, do estabelecido. Isabel é muito idosa para conceber, e Maria está grávida antes do matrimônio. Ambas devem ter sentido não apenas alegria naquele abraço, mas também comoção e dúvidas. O que vai acontecer? Como é que vamos nos arranjar?

Aceitam-se mutuamente no momento que vivem, na situação que atravessam; reconhecem-se e percebem-se, o que faz com que se estabeleça *um vínculo entre elas*. Maria e Isabel se apoiam mutuamente. Não se julgam nem se valorizam em função do que a sociedade considera correto ou incorreto. Compreendem o que significa para cada uma delas a novidade que está crescendo dentro de si. Uma vez que partilharam as angústias do seu coração, agora se sentem fortalecidas. Graças a Isabel, Maria olha a partir de uma nova perspectiva o bem que Deus lhe fez. Suas dúvidas e seus medos se transformaram em alegria, e ela pode agora expressá-los abertamente.

Maria não vai somente para servir Isabel; é necessário que esta, de acordo com sua experiência, lhe diga: "Siga, porque isso é de

Deus". Ela precisa que Isabel a confirme e a bendiga. E, por sua vez, Isabel precisa agradecer o sonho de Deus que as duas compartilham e tornam possível.

Essas mulheres são um ícone preciosíssimo para alimentar as dimensões do diálogo entre gerações e a necessidade que temos de diálogo em todas as vertentes da vida, entre as culturas, entre as diversas tradições espirituais. Elas nos levam a agradecer a capacidade feminina que, tanto homens quanto mulheres, têm de revelar o Mistério, de despertar uns aos outros a Vida interior cujo sabor reconhecemos.

Cada uma se converte em matrona, em *parteira* da outra; a partir de seus distintos momentos de vida, vão se ajudando a *gestar* e a perpassar o processo de entrega, diferente para cada uma, porque vivem momentos distintos. Na nova vida que se desenvolve nelas, no segredo, encorajam-se mutuamente para trazer ao mundo o que estava oculto em Deus. Ambas sabem sobre a espera e as dores de parto. Dizia uma parteira experiente: "Algo não pode nascer sem que outra coisa tenha que morrer primeiro para deixar espaço". A obstetrícia é a arte de saber esperar.

O parto não é um ato isolado; nele se dá a contração e a descontração, a dor e o prazer, a possessão e o desprendimento, a tristeza e a alegria, o medo e a confiança. Impressionou-me ouvir todas essas coisas que a parteira descreve como momentos do trabalho de parto e do dar à luz como momentos próprios da nossa vida, das nossas relações. Todas nos reconhecemos aí.

Reacender a vida

As duas grávidas se saúdam e, quando se encontram, tomam consciência do mistério na própria vida. No seio de Isabel, o menino salta de alegria. Ela entra em contato com o ser que habita o seu ventre, e Maria explode em um canto de louvor a Deus pelo que está acontecendo a ela e a seu povo. Maria intui que Deus, com seu poder, transforma as relações que os poderosos deste mundo estabelecem e desejam preservar. Maria reconhece em Deus o grande transformador.

Sozinha em uma montanha e sem mais ouvintes além de uma idosa e duas criaturas ainda por nascer, Maria canta o que Jesus proclamará abertamente anos depois: "O Espírito do Senhor está sobre mim... para proclamar a libertação" (cf. Lc 4,18). Canta o que Deus faz na história servindo-se dos pequenos, sua revolução de amor.

Maria e Isabel trocam entre si o que são e o que Deus tem realizado nelas: em seus corpos se oculta o poder de Deus, que se manifesta nas pessoas idosas, como Isabel, nos não nascidos, nas mães solteiras e nos pobres[15].

Todos os ícones que ao longo da história recordam essa visita, essa saudação, mostram as duas mulheres juntas, unidas por um abraço, por um beijo, por uma mesma alegria. "Feliz aquela que creu, pois o que lhe foi dito da parte do Senhor será cumprido" (Lc 1,45), seja qual for o modo pelo qual se manifeste. Necessitamos dizer essa bem-aventurança umas às outras e reacender nossa vida, reacender nossos risos.

Um riso compartilhado pode ser uma alegria que aquece os ânimos, que gera ambientes de espontaneidade e amabilidade, de aceitação da vida. O riso tem sempre um componente *agregador*. O pleno exercício do riso somente é possível com companhia. As mães sorriem para seus filhos quando os acordam pela manhã e quando eles se machucam, a fim de que não se preocupem. Aprendem a empregar o riso e seu sorriso como remédio curativo[16].

A vida, quando vivida com profundidade, desenvolve os seus componentes de alegria, gratidão, generosidade. O riso e a gratuidade são bons indicadores do nosso modo de viver. Costumamos compartilhar momentos de riso na comunidade, na família?

Reacender o riso significa querer fazer feliz as pessoas com as quais se convive, significando que elas são importantes, que a sua relação com Deus passa pela sua relação com elas, pelos vínculos que estabelecemos. Significa que conhecemos o perdão e o abraço, e que podemos valorizar umas às outras em nossa vida comunitária, como Isabel e Maria valorizam-se mutuamente; que podemos despertar o melhor em nós. O riso se torna sagrado quando é capaz de iluminar outro rosto. É um dos muitos nomes do Espírito gravado em nós.

---

15. MCKENNA, M. *Déjala (Jn 12,7)*: mujeres en la Escritura. Santander: Sal Terrae, 2001.
16. JAROSCH, L. *Rainha e fera*: mulher, viva o que você é. São Paulo: Loyola, 2006.

CELEBRAR A AMIZADE

Que tipo de história quero viver na comunidade? Uma história a partir do ego ou da alma? A comunidade é resultado do encontro recíproco interpessoal. Trato uma pessoa como "tu", e a outra pessoa me trata como "tu". Acontece o respeito, o carinho, o bem-querer. A qualquer pessoa, por pior ou marginalizada que seja, sempre posso tratar como uma pessoa; porém é possível que a outra pessoa possa ter tantas feridas, possa ter o seu eu tão destruído, que nesse momento não pode me tratar como um "tu", e não pode se dar em comunidade (F. Carrasquilla).

Maria e Isabel foram mulheres de risos amplos e tinham também *olhos abertos para a vida*. Mulheres que contemplaram o reverso da história e de suas vidas, o passo sem precedentes de Deus, a bondade oculta da existência. Mostra-nos uma forma de viver que abre o dom do encontro, que abre possibilidades ao nosso ser:

> Agradecer e cuidar das *amigas de alma* que fazem emergir em nós a ternura, o gozo, a bondade, a vontade de viver; que nos ajudam a viver mais leves. Não supõe menor fidelidade a Deus, mas sim que *nos capacita para viver e resistir vivas* em meio a situações de morte e conflito. Desperta em nós a generosidade, a gratuidade... e outras zonas obscuras que podem estar adormecidas ou esclerosadas. Essa riqueza nos capacita a ter uma presença mais humana e humanizadora ali onde é mais difícil de sustentá-la. É importante harmonizá-la com nossa personalidade. Harmonizar nossas relações. As pessoas necessitadas têm direito a que nos acerquemos delas com ternura, com bondade... Precisamos nos dar conta das coisas que estão brotando e das que necessitam de cuidado, tanto em minha vida como na dos outros. Não podemos ser felizes sozinhas[17].

Para que o amor permaneça vivo é necessário proximidade e distância, como o movimento de um acordeão. Precisamos de um

---

17. Retirado de alguns Exercícios compartilhados com Pilar Wirtz, ODN.

balanço equilibrado entre o eu e o nós, entre autonomia e vínculo, entre dar e receber. Precisamos do nosso espaço, da nossa liberdade, para poder viver o que é mais importante para nós. Somente quando alguém pode afastar-se é que também se sente à vontade conosco. Afirmar os próprios limites cria relações saudáveis.

Só pelo fato de haver amado já não se é mais a mesma pessoa. As ideias e os conceitos não nos mudam; o amor que experimentamos é que nos transforma. E nos faz bem retomar seu passo. Dedicar tempo para agradecer as *visitas*, essas visitas que vivenciamos nos últimos anos. Orar por nossa trama relacional, pelos encontros, pela amizade, pelos rostos que nos acompanharam e que nos sustentam em nossa vida.

Orar por nossas relações com Isabel e Maria
Vamos contemplar o ícone da Visitação para aprender com essas duas mulheres.

Isabel e Maria valorizam-se mutuamente e despertam o melhor uma na outra. Viveram uma história de agradecimento e de libertação, encontraram-se pela alma, no mais profundo de cada uma. Elas nos ajudam a nos perguntar: que tipo de história de relações quero viver? Uma história a partir do ego ou da alma? Porque existem formas de relacionamento que nos conduzem mais "ao fim para o qual somos criados".

Lc 1,39-45: "Maria depressa colocou-se a caminho pela montanha para visitar sua prima Isabel, a saudou, e esta a chamou de bendita e bem-aventurada...".
– Quais são *meus modos de saudar?*
– Que tipo de saudação dou e recebo?
Contemplo minhas relações: as pessoas ao meu redor, as que estão distantes.
– Agradeço as relações que nutriram a minha vida neste último ano.
– Trago ao coração as pessoas que me fizeram gostar da água do amor e de seus bons efeitos. Recolho seus frutos em minha

vida: pequenos gestos de carinho, de escuta, de confiança, de paciência... que tiveram comigo ao longo deste último tempo. Agradecer a oportunidade que tive de também haver sido canal desse amor transformador para os outros.
– Em uma folha branca, vou anotando os nomes das pessoas que foram significativas em minha vida, as que o foram em determinado momento, as que permanecem sendo agora...
Elejo interiormente aquelas pessoas com as quais desejo reencontrar-me agora de uma forma diferente, de uma nova maneira...
– Que viagens me sinto convidada a fazer?
Façamos memória de nossos **eventos comunitários**: vamos nos lembrar das diversas comunidades nas quais temos estado, dos mistérios de dor e de prazer que vivenciamos com elas. O que temos amado e sofrido.
– Coloco perante o Senhor as comunidades que desde o início teceram minha vida.
– Que situações passadas, lutos, reconciliações tenho pendentes?
– Vamos nomeando as comunidades e as irmãs com as quais compartilhamos etapas de nossa vida, e nos perguntemos:
– O que recebi delas? Que dons o Senhor me ofereceu por meio de minhas irmãs?
– O que aprendi em cada comunidade? O que ofereci?
– Que sabor deixaram em minha vida?
Acaba por se converter na petição **Colossenses 3,12-17**:
"Como eleitos de Deus [...] revesti-vos de sentimentos de compaixão, de bondade, humildade, mansidão, longanimidade [...]. Revesti-vos de eu amor para poder viver juntas".

Senhor, eu te entrego totalmente
minha capacidade de me relacionar
com as pessoas e com as coisas,
para que tu a transformes
pela força de teu Espírito...

3
CURADAS

3.1 UMA MULHER SAMARITANA: DESBLOQUEAR NOSSAS FONTES

Um avô indígena conversava com seu neto sobre como se sentia diante da tragédia que se havia abatido sobre o seu povo, atacado, disseminado e em retirada diante do avanço de seus inimigos. Ele dizia: "Sinto que tenho dois lobos lutando em meu coração. Um deles é vingativo, furioso, violento, preocupado consigo mesmo e em satisfazer a própria raiva. O outro é capaz de sentir amor e compaixão, é solidário com a matilha, deseja olhar adiante e começar a reconstruir". O neto perguntou: "Qual você acredita que vai ganhar em seu coração?" E o avô respondeu: "Aquele que eu alimentar mais"[18].

JOÃO 4,1-42: "SE CONHECESSES O DOM..."

Para a primeira semana, quais relatos de mulheres escolher para ter consciência dos efeitos do mal em nossa vida e na história; para "sentir interno conhecimento de meus pecados e aborrecimento deles" (EE 63)? É um tempo para pedir a graça de que a dor do mundo nos afete e reconhecer nossas cegueiras e nossas torpezas em deixar fluir o amor que somos. Um tempo para nos condoer dos danos que causamos: sociais, psicológicos e afetivos... e para nos defrontar com o enorme desejo de Deus de libertar, de curar e de reconciliar; para conhecer sua misericórdia como se nunca a tivéssemos sentido até agora.

---

18. Disponível em: http://www.vueltaaldia80mundos.blogspot.com/2010/08/un-abuelo-indio-hablaba-con-su-nieto.html. Acesso em: jul. 2024.

A fonte do Espírito nos abastece com grandes reservas de amor, mas acontece que, às vezes, os caminhos para essa fonte ficam bloqueados em nós, as águas se turvam, se retêm, secando o terreno. O lugar onde Jesus e aquela mulher da Samaria se encontraram se chama *Sicar*, que significa "há algo obstruído". Estamos obstruídas quando desconectadas da Fonte, do Manancial. Estamos obstruídas quando vivemos mais em contato com nossas dificuldades psicológicas, relacionais, temperamentais, e quando nossa capacidade de dar e receber amor torna-se turva e obscurecida.

Com a mulher samaritana, somos conduzidas por Jesus, com imenso respeito e delicadeza, a reconhecer onde está a nossa fragmentação, nossa ferida, nossa divisão; tudo o que bloqueia nossas fontes, nossa saída para os outros e o enorme desejo do Senhor de desbloquear, de conduzir a nossa vida à fonte da sua misericórdia.

Vamos entrar na cena entre Jesus e a mulher (Jo 4,1-42). O encontro tem lugar próximo a um poço; é um encontro marcado pelo amor e por uma profunda intimidade. O Evangelho nos diz que Jesus está cansado. Atentemos aos detalhes da cena: Jesus está cansado e o vemos profundamente humano. Ele está sentado, sozinho; os discípulos se foram e chega uma mulher para tirar água do poço em um horário pouco comum (por conta do calor, era costume fazer isso cedo pela manhã ou, então, à tarde. Mas ela vai ao meio-dia). Talvez não tenha vontade de encontrar outras mulheres. Pelo seu sotaque se vê que é uma samaritana, e, à medida que o encontro se desenvolve, vamos descobrir que é *uma mulher ferida*; uma mulher de relações não concluídas, travadas. Uma mulher que tem uma imagem distorcida de si mesma, que talvez se sinta cheia de culpa.

"DÁ-ME DE BEBER"

Jesus está sentado e cansado. A mulher se aproxima e está de pé. Jesus olha para essa mulher estrangeira e lhe diz: "Dá-me de beber", que é outro modo de dizer: "Preciso de ti". Jesus volta-se para essa mulher, que tem uma imagem ferida e culpada, uma imagem que talvez reflita a de nós mesmas, e que podemos expressar da seguinte forma: "Não sirvo para nada ou para muito pouco, porque já não posso fazer o que fazia antes", "não vou me aproximar para não atrapalhar". E Jesus lhe diz: "Dá-me da tua água".

Jesus está tentando nos fazer compreender como se aproximar do pobre, do irmão mais necessitado. Essa aproximação não deve acontecer com superioridade, com uma generosidade e um poder do tipo: "Eu posso fazer algo por ti" e "eu posso te dar", mas fazer com que o outro sinta que tem algo valioso para nos oferecer... Jesus não diz a essa mulher que ela deve mudar de vida. Jesus quer levantá-la para ajudá-la a encontrar confiança em si mesma. Porque o sofrimento da pessoa pobre, seja economicamente, seja na fragilidade de seu corpo, já a fez perder a confiança em si mesma. Já não sabe mais quem é. Sente o desprezo dos que não querem nada dela, e, então, eis que Jesus lhe diz: "Eu preciso de ti". Temos diferentes modos de viver bloqueados, de nos esconder. Podemos nos esconder atrás de palavras, de conhecimentos [...]. Escondo-me atrás de um sentimento de superioridade, atrás de uma função. Podemos colocar máscaras, justamente para que não descubram quem somos, para que não descubram essas partes pobres que existem em nós. Mas o que de verdade nos conecta com os outros não é ocultar a nossa vulnerabilidade nem nossos medos. É compartilhá-los e viver com eles, apesar deles. Caso contrário, tampouco poderemos conhecer a vulnerabilidade do coração de Deus[19].

A experiência nos mostra que muitas pessoas se encontram em uma forma latente de falta de confiança em si mesmas, desconectadas da profundidade de suas vidas, da sua fonte, não acreditando em sua capacidade de amar. Na maior parte do tempo, estamos em contato com nossas dificuldades psicológicas e de relacionamentos, inclusive quando cremos não ter tais dificuldades. Vamos nos reconhecendo nas águas turvas em que padecem os homens e as mulheres do nosso tempo.

---

19. VANIER, J. *Acceder al Misterio de Jesús a través del Evangelio de Juan*. Santander: Sal Terrae, 2005, p. 95-104.

QUANDO AS FONTES SE BLOQUEIAM

As emoções dão um colorido à nossa vida, positiva ou negativamente. Têm um efeito vivificante, mas também podem provocar efeitos destrutivos e devastadores. A emoção, como indica seu nome: *e-movere*, é uma força que nos coloca em movimento. Quando nos deixamos arrastar negativamente, são as águas turvas que prejudicam as nossas relações. Em vez de beber da fonte, bebemos do nosso ego. Esses são alguns dos bloqueios que retêm o fluir das nossas águas:

As fontes se tornam turvas quando *os medos* nos bloqueiam. O medo social diante do outro e seu julgamento, o medo do conflito e o medo de fazer algo errado ou incorrer em culpa.

O *afã de reconhecimento*, de boa reputação. Quem se deixa arrastar por isso perde o contato consigo mesmo. Quando precisamos do trabalho para ocultar o vazio de nossa alma, o *sempre ter alguma coisa para fazer*, nos agarrarmos a algo [...]. A pressão de ter que demonstrar nosso valor ou de agradar aos outros, de ser admirados. *A pressão das expectativas*, quer venham de mim, quer de outros.

A rivalidade e a comparação: como não estamos contentes conosco mesmos, tentamos provar nosso valor aos outros os superando. Quem está em harmonia consigo mesmo pode se lançar na vida tal como ela é. Não tem a necessidade de se comparar constantemente com os outros.

A compulsão de manter o controle das coisas, de não deixar nenhum fio solto, de controlar também nossos sentimentos, nossos afetos. Confiar nos alivia.

Outra causa pode ser a *depressão por exaustão*. A depressão nos indica que temos excedido nossos limites. Não prestamos atenção aos sinais da nossa alma, que nos pedia para descansar.

A irritação é um sentimento provocado pelos motivos mais díspares. Não desejamos ficar irritados, mas, quando dizemos: "Estou a mil por hora!", significa que não estamos em contato conosco mesmos, não estamos preservando a nossa fonte interior.

A vitimização e a falta de segurança também turvam nossas fontes. Quem padece de baixa autoestima costuma ver os demais como uma ameaça. Por que, na presença de algumas pessoas, nos sentimos mais fracos? Por que a conversa com esta ou aquela pessoa nos deixa sem energia? Quando damos demasiado poder a outros, já perdemos o contato com o nosso interior e nos deixamos determinar pelo que vem de fora. Tornamo-nos emocionalmente dependentes de outra pessoa, queremos agradar, esquecemos da nossa própria força. Deixamo-nos bloquear, e a presença dessa pessoa nos tira do nosso centro. Então nossa vitalidade fica como que enterrada[20].

Essas emoções que vamos nomeando, à medida que se consolidam em nós como atitudes, se convertem em padrões. Por isso necessitamos trabalhar *nossos estilos de vida*: neles estão contidos a nossa visão da vida e nosso modo de encará-los. Quando estamos sobrecarregadas, bebemos de uma fonte turva. Estar sobrecarregadas não é o mesmo que estar cansadas: há cansaços plenos que nos levam à gratidão, que faz com que nos sintamos vivas. Quando nos sentimos sem vontade, sem energia, precisamos nos perguntar se por trás do nosso trabalho não se esconde um modo de vida que não nos faz bem, para poder reverter a situação. O Espírito penetra em todas essas emoções para nos curar a partir daí.

Pergunto-me: onde sinto acontecer esses meus bloqueios? Percebo "águas turvas" nos meus relacionamentos? Nas coisas que faço? O que tem me desgastado neste momento da vida? Quais coisas me tiram energia e tornam minha vida pesada?

Estamos sentadas, sem saber, sobre o único poço que pode acabar com nossa sede. A isso se chama *presença para si, presença para o outro, presença para o mundo*. Tal como aconteceu com a samaritana, Jesus vem desbloquear nossas fontes e nos colocar em contato com nosso próprio manancial, convidando-nos a beber do nosso próprio poço para encontrar a água definitiva que já não necessitaremos buscar em poços alheios. Uma água que saciará a sede mais profunda do eu dessa mulher e que a preservará de um ressecamento interior. Jesus fala da fonte de amor que nunca seca.

---

20. Tirado de GRÜN, A. *Fontes da força interior.* Petrópolis: Vozes, 2008.

ÁGUA VIVA

Depois de levantar a mulher, depois de lhe ter revelado o sentido profundo de sua vida, que estava sendo chamada a ser fecunda, se bebesse da água que Jesus lhe dava, com muita delicadeza toca sua ferida: "Vai, chama seu marido e volta aqui!" (v. 16).

A mulher tem uma história de relações travadas; como nós, deseja um amor incondicional, mas ela sente, vez ou outra, que nenhuma presença preenche esse anseio. Os seis maridos nos remetem a um sétimo marido, que oferece gratuitamente a fonte desse amor, o vínculo em que todos os outros vínculos e afetos são tecidos e desdobrados.

Há uma só coisa que é importante para deixar que Jesus nos eleve, para descobrir nossa fecundidade: ser verdadeira, não fingir, não nos esconder, não viver de ilusões; ao contrário, descobrir que na minha pobreza, que reconheço como verdade, necessito de Jesus, e que sou amada com tudo o que está ferido em mim. Ser capaz de agradecer a Jesus por nossa pobreza: Ele necessita de nós, precisamente assim. "Não quer uma mulher perfeita, mas uma mulher que ame."

Timothy Radcliffe conta uma anedota sugestiva: "Caminhando ao longo da costa, fui bombardeado por algumas gaivotas que estavam jogando do alto os moluscos que levavam no bico, para quebrar a sua concha e bicar a parte mais tenra. Deus faz algo assim nos tempos de crise: rompe a casca dura da nossa suficiência para chegar à nossa parte mais terna, ao mais vulnerável de nossas vidas".

Quando bebemos da água que Jesus quer nos dar, da água viva dos mananciais do seu Coração, então a leveza e a vitalidade tomam conta de nós, experimentamos uma vivência de amplitude e liberdade. Nossa vida adquire um novo sabor, o dom que a habita se multiplica. Fazemo-nos transparentes para algo maior que nós mesmas. De nós flui não só o trabalho, mas também a sensação de estarmos vivas.

Orar junto ao poço

Deixe que Jesus permaneça junto ao poço, e, sem se identificar, nos atraia para Ele, para descobrir nossos bloqueios, para nos curar, para liberar com amor a Fonte que nos habita.

Jo 4,1-42: *Leia devagar o Evangelho e se situe nele. Entre em contato com Jesus: aquela mulher é você.*

Contemple Jesus, que está cansado, fatigado... Fale também com Ele dos seus cansaços.

Jesus pede a você que lhe água: a qual água Ele se refere neste momento? A água da confiança, a de se deixar transformar, a de perder os medos?...

"Dá-me de beber... preciso de ti." Olhe bem para Jesus e peça que Ele revele quais são os rostos que hoje necessitam de você. Ouvir como Jesus me pede e necessita da minha água tal qual a tenho. Ele não necessita das minhas capacidades, mas sim de mim; quer toda minha pessoa, tal como me apresento; não quer as minhas coisas, quer eu mesma; não quer o meu fazer, quer todo o meu ser.

"Se conhecesses o dom de Deus e quem é que te diz: 'Dá-me de beber', tu é que lhe pedirias e ele te daria água viva!" *(Jo 4,10).*

Pergunte-se:

– Onde sinto que meus bloqueios estão se manifestando neste momento?

– Quais águas turvas percebo nos meus relacionamentos, naquilo que faço?

– O que me desgasta neste momento? Que coisas me roubam a energia e que tornam a vida pesada?

– A que dou poder para tirar minha alegria e confiança?

Reze com Ez 47,1-12: Por onde passar a torrente, haverá fecundidade... e cura.

– Exponha essas zonas bloqueadas da sua vida, ressecadas, endurecidas... à corrente da Água Viva que vem para curar e fecundar.

– Imagino essa água que vai passando por todo o meu corpo, por meus pensamentos tóxicos, pelas minhas emoções mais negativas, por tudo aquilo que restar de vida em mim... e a água vai liberando e curando.

Termine a sua oração **agradecendo** a Deus, que a surpreende nos poços da história para buscá-las ali onde se encontra mais ferida, para desbloquear suas fontes e para que possa beber e dar de beber a outros.

"O movimento para nosso poço interior é uma escola de respeito pelos poços dos demais. É uma escola de diálogos e de mútuos intercâmbios, onde nos tornamos vulneráveis, precisando trocar nossas águas, apreciá-las e fazê-las ser apreciadas, melhorando-as em nós e ajudando-nos mutuamente. Vivemos em um tempo de multiplicidade de receitas espirituais, mas nenhuma substitui a aventura de ir ao próprio poço. Ali não há receitas; primeiro é o contato com o mistério que somos no silêncio, na intimidade. Tomemos tempo para substituir nossas águas. Abramos nossos poços uns para os outros, para tentar encontrar caminhos de salvação e de comunhão" (Ivonne Guevara).

3.2 Duas mulheres necessitadas: a hemorroíssa e a mulher encurvada

Rubén Omar Sosa escutou a lição de Maximiliana em um curso de terapia intensiva, em Buenos Aires. Foi o mais importante de tudo o que aprendeu em seus anos de estudante. Um professor contou o caso. Dona Maximiliana, muito cansada pelos cansaços de uma longa vida sem domingos, estava internada havia alguns dias e sempre pedia a mesma coisa:
– Por favor, doutor, poderia verificar minha pressão?
Uma suave pressão dos dedos no pulso, e ele dizia:
– Muito bom. Setenta e oito. Perfeito.
– Sim, doutor, obrigada. Agora, por favor, poderia averiguar minha pressão?

E ele voltava a verificá-la e a explicar que tudo estava bem, que, melhor, impossível.

Dia após dia, a cena se repetia. Cada vez que ele passava pelo leito de dona Maximiliana, essa voz, esse ronco, o chamava, e lhe oferecia o braço, um graveto, de novo, e de novo, e de novo. Ele obedecia, porque um bom médico deve ser paciente com seus pacientes, mas pensava: "Esta senhora é uma '"figura'". Falta-lhe um parafuso".

Levou anos para dar-se conta de que ela estava pedindo que alguém a tocasse[21].

MARCOS 5,25-34: "MULHER, VAI EM PAZ FIQUE CURADA DESSE TEU MAL"
LUCAS 13,10-17: "MULHER, ESTÁS LIVRE DE TUA DOENÇA"

Deixemos que Jesus continue a impor suas mãos sobre nossas vidas. Vamos fazê-lo com a experiência dessas duas mulheres: uma, cuja vida já estava no fim havia doze anos (Mc 5,25-34); e a outra, encurvada havia dezoito anos (Lc 13,10-17). E nenhuma delas se atreveu a olhar para frente.

As duas mulheres foram curadas por Jesus, ambas que estavam com a vida estagnada. A mulher hemorroíssa estava perdendo as forças, estava secando, não tinha ânimo para viver, sentia-se apartada dos outros. A mulher encurvada não conseguia olhar para frente, carregara durante dezoito anos um peso demasiado grande (Culpa? Vergonha? Ressentimento?). Estariam elas em inimizade com alguma realidade da própria vida? Ambas tocam e se deixam tocar por Jesus para poder experimentar, nelas, a cura e a paz.

Ambas as mulheres fazem a experiência do coração humano, dos seus recônditos, das suas dobras, das suas camadas ainda obscuras e do poder destrutivo da exclusão. Ambas, por sua vez, tiveram a experiência do efeito curativo do toque de Deus, da cura do coração e daquilo que mantinham bloqueado em seus corpos e relacionamentos. Tocam e se deixam tocar por Jesus para poder experimentar, nelas, a cura e a paz. "Quem me tocou?", diz Jesus (Mc 5,31). Talvez vivamos apenas para esse toque.

---

21. GALEANO, *op. cit.*

UMA MULHER COM PERDAS

Jesus está entre os empurrões e a aglomeração das pessoas. Vemos emergir uma mulher que está enferma e que busca ajuda. Não sabemos o nome dela nem a sua história. Apenas que sofre de hemorragias constantes, uma enfermidade que a mantém apartada das fontes da vida: na relação com Deus e com os demais.

Seu dom, o sangue que lhe possibilita gerar e nutrir outra nova vida, se converte em peso e motivo de rejeição por muitos. O sangue menstrual era considerado impuro pela lei judaica. Ninguém podia entrar em contato com uma mulher que padecesse de fluxos de sangue, pois seria contaminado pela sua impureza, nem tocar os objetos que ela usasse (Lv 15,2). A mulher da nossa história arrasta durante doze anos a condição de *mulher impura*, de mulher isolada. Por um lado, tem que alijar-se da proximidade com as pessoas. Por outro, há nela um desejo incessante de simplesmente acercar-se e ser aceita. Uma mulher que perde constantemente seu sangue é uma pessoa ferida no mais profundo de seu ser, cuja vida está indo embora. "Tendo gastado tudo o que possuía, sem nenhum resultado" (Mc 5,26), mas não se acomodou nem se resignou completamente, embora, longe de melhorar, tudo tenha piorado.

Os médicos simbolizam aquelas instâncias que poderiam oferecer ajuda e que, entretanto, acabam causando efeito contrário: que a mulher piore e se empobreça cada vez mais, até fazer com que ela se considere desprezível aos outros. Teme ser julgada e mantém bloqueado o acesso à sua intimidade.

Onde essa mulher encontra coragem para não ficar parada? Ela toma a iniciativa: "Ouvira falar de Jesus, aproximou-se dele, por detrás, no meio da multidão, e tocou seu manto" (Mc 5,27). O verbo "tocar" aparece quatro vezes no relato que abordamos (5,27.28.30.31). A cura da mulher se produz *imediatamente*. Não há testemunhas, e só ela pode confirmar a sua cura, só ela pode contar o que viveu. Jesus *está consciente* da comoção que se produziu também no próprio corpo. E Ele pergunta por ela, quer lhe devolver a dignidade. "Vês a multidão que te comprime e perguntas 'Quem me tocou?'" (Mc 5,31). Jesus, porém, aponta para outra direção, para *o mistério de uma comunicação interpessoal*. Trata-se de um contato distinto, de uma qualidade no toque. Todos estavam próximos a Ele e o tocavam, mas ninguém o tocou como essa mulher.

São João da Cruz definia Deus como "quem não sabe senão curar" (Canção II, 8)[22], e essa mulher confirmou isso a Jesus com seu gesto. Ela teve coragem de tocá-lo muito além dos tabus e das proibições, e experimentou o poder do seu amor na própria pele. No início ela havia ouvido falar de Jesus, e agora é Ele quem a procura com o olhar e quer reconhecê-la, colocá-la no centro, restaurar seu mundo relacional.

Então, ela se aproximou, não mais por trás, mas agora estava face a face com Ele, e contou-lhe toda a verdade. Pode baixar até o último rincão da casa da sua vida, mostrar-se desnuda e não sentir vergonha: "Minha filha, a tua fé te salvou; vai em paz e fica curada desse teu mal" (Mc 5,34).

"Filha, vai em paz"

Essa é a única vez, nos relatos de cura, que Jesus chama uma mulher de "filha", como Ele mesmo se sentiu chamado pelo Pai quando do seu batismo. Ele está *batizando* essa mulher: é, para Jesus, o tempo do cuidado, de *ser mãe* para os outros. Ele saiu em apoio a ela, assim como Jairo no início pediu por sua filha enferma (5,23). Jesus a recria em sua verdadeira condição, a introduz no âmbito da proximidade e da familiaridade com Deus, e *cria laços* muito estreitos com uma mulher que vivia apartada de todo contato e relação. Ambos se reconhecem mutuamente. Jesus a remete a si mesma, às potencialidades que estavam adormecidas em seu interior: "A tua fé te curou; vai em paz e fica curada". A partir daí, ela já não seria mais uma mulher marcada, mas sim uma filha muito amada. Ele a está *batizando* e ela *se deixa batizar*.

---

22. CRUZ, João da. Chama viva de amor. In: *Obras completas*. Petrópolis: Vozes/Carmelo Descalço do Brasil, 2000, p. 855 [N.T.].

"Vai em paz e fica curada" (5,34): a paz é a terceira fonte do Espírito da qual podemos beber para nossa convivência. É um dom de Deus: *Shalom*. Significa bem-estar e plenitude de vida para o ser humano. Tudo aquilo com que não fazemos as pazes dentro de nós, tudo aquilo que reprimimos em nós mesmas, em nossas famílias, em nossas comunidades, nos países... cria obstáculos na vida e consome muita força interior.

Vamos acolhendo o dom da paz em um longo processo de reconciliação conosco mesmas, fazendo as pazes com as nossas sombras, com tudo que nos é desagradável, com essa intenção de não prejudicar, de não atrapalhar. A bondade é uma força que cria algo bom, mesmo diante da resistência de forças negativas. "Haverá um dia em que as nossas sombras já não se separarão da nossa fonte interior, mas nos conduzirão precisamente a ela. O grande dom de Deus, quando podemos recebê-lo, é descobrir que o que há de sombra em nós também é bom" (A. Grün).

Trabalhar pela paz em nós, para que ela tenha impacto no nosso mundo, tem a ver com fazer amizade com aquilo do qual nos distanciamos; fazer amizade com áreas do nosso mundo das quais nos sentimos separados, entrar em diálogo com cada uma delas. Pessoas da minha família, do meu trabalho, da minha comunidade, da minha congregação... Pessoas que acho difícil acolher. E áreas minhas com as quais preciso estabelecer amizade. Jesus coloca a mulher em contato com a fonte interior que emana dela, fonte do Espírito. Isso a torna capaz de ter um relacionamento diferente com os sintomas que, às vezes, nos incomodam na vida.

Encurvada por dezoito anos

As duas mulheres desses relatos têm em comum o tempo que carregam com a sua dor, com a sua ferida; essas dores secretas do coração das quais o próprio corpo se faz eco. A mulher da nossa história não fala, não usa a sua voz, nem faz gestos, não pede nada. Jesus, ao vê-la em sua realidade, sem poder olhar de frente as pessoas, carregando um peso que não a deixa respirar fundo, sente o desejo de chamá-la, de tocá-la: "Vendo-a, Jesus chamou-a e disse: 'Mulher, estás livre de tua doença', e lhe impôs as mãos. No mesmo instante, ela se endireitou e glorificava a Deus" (Lc 13,12-13).

O chefe da sinagoga reprova a atitude de Jesus de curar no sábado. Entre todos aqueles homens que contemplam a cena, só Jesus é capaz de ver a mulher em sua realidade ferida e em sua confusão por ter sido chamada e tocada em seu ser mais profundo. Jesus quer soltá-la das suas amarras e que possa se desprender e viver erguida, olhando de frente, com sua nova vida a se manifestar. Ao buscá-la com o seu olhar, a faz sair do seu isolamento e do seu anonimato. Isso importa para Ele. E apenas isso pode nos trazer saúde: saber que somos únicos e queridos para alguém. Jesus curava as pessoas amando-as ali mesmo onde estavam. Fez do tempo sagrado, o sábado, um tempo de cura.

Jesus vai curá-la com seu olhar, com suas mãos e com sua voz. Ao dizer-lhe: "Mulher, estás livre de tua doença", Ele a está desamarrando e a devolvendo à sua essência. Existem palavras que nos restauram a saúde. Dizem que há seres capazes de ser curados por uma voz, pelo tom de uma voz em específico.

Nosso coração anseia por escutar este convite: "Estás livre"...! Ficar livre do que os outros possam dizer ou pensar; livre do domínio das nossas compulsões; livre para amar sem defensivas; livre do que acredita saber sobre si e sobre os outros. No fundo, ficamos liberadas para sermos nós mesmas, para poder olhar, para entrar em relação com a nova realidade.

Jesus, terapeuta do Espírito, conduz essa mulher a deixar emergir o Deus que habita nela. Para isso, necessita dar um passo além: estabelecer com ela um contato curador; liberar as fontes do amor que permaneciam ocultas e obstruídas. Quando Etty Hillesum é detida em um campo de concentração para judeus em Westerbork, na Holanda, enquanto esperava ser deportada, lê a bíblia para poder viver. Pela enésima vez, lê o hino de amor de Paulo e nos relata com simplicidade o que lhe acontecia enquanto recebia aquelas palavras:

O que estava se passando em mim enquanto lia este texto? Ainda não posso exprimir muito bem. Tinha a impressão de que uma varinha mágica viria tocar a superfície endurecida do meu coração e no mesmo instante faria brotar dele as fontes ocultas. De repente me encontrei ajoelhada... enquanto o amor, como que libertado, me percorria por inteiro, livre da inveja, dos ciúmes, das antipatias[23].

Necessitamos receber palavras que toquem nossas superfícies endurecidas e nos liberem de tantas amarras que não nos deixam respirar fundo, nem olhar compassivamente, nem considerar a beleza da diversidade e das diferenças. Jesus "lhe impôs as mãos. No mesmo instante, ela se endireitou e glorificava a Deus" (Lc 13,13). A mulher se abre diante do toque de Jesus. Que poder têm as nossas mãos quando as temos cheias de bênçãos...! Impressiona que ela não tivesse nada a fazer fora de sua vida cotidiana, nem sequer ir ao templo ou fazer uma oração, para glorificar a Deus. É o seu próprio corpo que se põe em pé, é sua própria vida circulando sem amarras, com a libertação de suas forças afetivas, com a possibilidade de encarar outros olhares sem temor e de entrar em comunicação..., o que a faz experimentar uma nova relação com a vida. Respirando livremente, ela glorifica. Só respirando e sendo ela mesma.

Ao tocá-la, Jesus abriu a fonte originária do seu ser. Somos um pouco como essa mulher e podemos nos reconhecer em seu anseio de cura e de abundância de vida. E, em alguns momentos, também podemos ser para os demais assim como foi Jesus: quando nosso olhar está saudável, nossas mãos conhecem o silêncio e a nossa voz é capaz de, com delicadeza, tocar a vida profunda e escondida dos outros.

---

23. CAMARENO, J. *La chica que no sabía arrodillarse*. Burgos: Monte Carmelo, 2002, p. 66.

Sua mão sobre minha ferida

Junto à mulher hemorroíssa e à mulher encurvada, vejo-me reconhecendo minha necessidade de ser curada. As duas mulheres tocam e se deixam tocar por Jesus para poder experimentar, nelas, a cura e a paz.

Adentre-se em suas histórias, segundo a que mais evoque neste momento de sua vida. São as feridas que as têm impulsionado à intimidade do amor de Deus. Por essa abertura, elas se sentem aceitas e amadas. Sua ferida se converteu, para elas, em um lugar da experiência de Deus.

Mc 5,24-34: *"Aproximou-se dele, por detrás, no meio da multidão, e tocou seu manto".*

– Por onde sinto que minha vida se está esvaindo?
– O que me mantém afastada, separada dos demais?
– Deixo-me tocar e ouço o que Jesus tem para me falar?

"Vai em paz e fica curada". Trabalhar a paz em nós, para que essa paz possa influir no nosso mundo, tem a ver com fazer amizade com aqueles que temos nos distanciado, com áreas de nosso mundo das quais nos sentimos separadas.

– Existem áreas, espaços da minha vida, com as quais necessito fazer amizade: meu corpo e minha sexualidade, minha alma, meu trabalho, meu tempo livre...?
– Com o que ou com quem preciso fazer as pazes? Pessoas da minha família, da minha congregação, pessoas que tenho dificuldade de aceitar, de olhar de frente...?
– Existe um grupo de pessoas das quais me sinto separada? Se quisesse melhorar o relacionamento, como poderia fazer isso? Se coloque ao lado delas.

Orar com Is 11,1-9: *"Então o lobo morará com o cordeiro [...]. Ninguém fará o mal nem destruição nenhuma".*

Lc 13,10-17: *"Estava encurvada havia dezoito anos e não podia endireitar-se".*

– Que coisas me deixam encurvada, não me deixam caminhar com amplitude, olhar para frente, ocupar meu espaço sem medo? Vou as nomeando.

– Ouvir Jesus me dizendo: "Mulher, fique livre desta enfermidade", e deixar que Ele coloque suas mãos sobre os meus ombros. Acolher o enorme desejo de Jesus de curar e de erguer minha vida.

Mulher, fique livre...
Livre do que possam dizer...
Livre para cair e voltar a se levantar...
Livre para ser você mesma...
Livre para se perdoar e perdoar aos outros
Livre para amar sem medo...
Livre para liberar...
Livre para...

"A mulher se endireitou e glorificava a Deus" *(Lc 13,13).*

– Glorificar a Deus também significa me sentir viva e erguida?

4
ENVIADAS

4.1 A MULHER CANANEIA: COMPARTILHAR O PÃO COM TODOS

No meio da massa, coração com coração, apertados entre tantos corpos no trem do metrô, todos desconhecidos, nosso coração bate como um passarinho preso na mão. O Espírito Santo, todo o Espírito Santo, em nosso pobre coração. O amor, tão grande e tão pleno como Deus mesmo, pulsa em meu coração como um mar que deseja se libertar, que quer se expandir, entrar em todas essas pessoas... Senhor, que a crosta que cobre meu coração não seja um obstáculo para que teu amor entre. Entra! Transpassa! Meus olhos, minhas mãos, minha boca, são teus[24].

LUCAS 4,16-21: *"ELE ME CONSAGROU PELA UNÇÃO"*

Seguindo essa intuição tão bonita de Santo Inácio: *somos perdoadas para sermos enviadas*, entramos cheias de gratidão na *segunda semana*. O perdão se converte em ação, somos libertadas para entrar em um caminho de libertação. Sentindo-me como uma mulher que foi colocada em pé, aquela a quem Jesus se aproximou, que lhe deu a mão na sua fragilidade e a levantou. Agora desejo somente servi-lo, não por obrigação nem para obter algo, mas sim por puro agradecimento, porque já não posso fazer nada de diferente.

---
24. DELBRÊL, M. *Nosotros, gente común y corriente*. Buenos Aires: Lumen, 2008, p. 74-75.

Somos perdoadas, e o Senhor dá o encargo de cuidar dos feridos, dos necessitados, dos frágeis. E agora diz a cada uma de nós: "Minha filha, irmã da humanidade ferida, vai, eu te envio". Na realidade, não vamos: é Ele quem nos leva. Recordo certa vez que celebrei uma reconciliação em Copiapó, no Chile. O padre, junto com o perdão de Deus, me destinou a também ir ao encontro de outras mulheres. Nesse momento compreendi, de um modo novo, que ser perdoada é estar encarregada de que outros andem de mãos dadas.

Com Paulo de Tarso, perguntamos ao Senhor se algum dia nos veremos livres da mulher, do homem velho, e sua resposta será a mesma: "Basta-te a minha graça" (2Cor 12,9), pois nela superabunda a misericórdia, a compreensão, a ternura, que seguem curando nossas vidas e nos ajudando a ordenar o mundo tão complexo de nossa vida afetiva. E agora o nosso olhar se dirige para Ele.

É o momento de levantar o olhar para o Senhor da história, que se uniu a nós para que possamos ter parte com Ele, e vai nos abrir às duas paixões que compõem a sua vida, *o Pai e o Reino*, o Pai e a vida recuperada dos pequeninos. Compreendemos, então, por que Inácio coloca depois dos pecados a meditação do Reino. Porque a pessoa, nesse momento, está em uma situação de *profundo agradecimento*, e o que mais deseja é poder corresponder a tanto bem recebido. O seguimento que deseja Inácio não nasce de uma adesão, mas sim de uma vontade, de um agradecimento tão grande que alguém já não quer nada mais senão *poder servir a esse Senhor que tanto bem fez por mim*. Jesus também precisou sentir-se *filho amado* antes de poder ser enviado:

> Antes que o Espírito levasse Jesus ao deserto para ser tentado, veio uma voz sobre Ele e disse: "Tu és meu filho amado, em ti me comprazo" [...]. E Jesus agarrou-se a essa voz enquanto viveu [...]. O que se diz de Jesus também se diz de nós. Temos que escutar que somos a filha amada ou o filho amado de Deus. E temos que ouvir não somente com a cabeça, mas também com nossas entranhas; temos que ouvir de forma que toda a nossa vida mude radicalmente [...]. Haverá pessoas que o rejeitarão, seguirá recebendo elogios e experimentará perdas, porém já não viverá todas essas coi-

sas como uma pessoa que segue buscando a sua identidade. Viverá como uma pessoa amada. Viverá sua dor, sua angústia, seus êxitos e seus fracassos como uma pessoa que sabe quem é (H. Nouwen).

Conhecemos internamente ao Deus que está conosco e que vem nos buscar em nossa desorientação, em nosso pecado, em nossa confusão... E o que agora queremos é estar onde Jesus está, conhecê-lo, conhecer seus sentimentos e atitudes. Pedimos *conhecimento interno* para poder conhecer a espessura, a profundidade, o comprimento e a altura de seu amor, e deixar que Ele flua pouco a pouco em nossa vida.

O fruto dessa oração é *não ser surda ao seu chamado neste momento de minha vida, mas sim atenta e disposta*. Cada situação esconde a sua pérola. Que eu possa descobri-la hoje.

O chamado a gerar não é apenas pessoal: fui *con-vocada* com outras e outros para segui-lo e, juntos, servi-lo. Como acolho esse chamado em minha corporalidade, em meu psicológico, em meu temperamento, em meu afeto... em minha forma de me relacionar? Jesus quer concentrar toda nossa vida e dinamizá-la até o Reino. Deixar-nos ser ungidos com o mesmo Espírito que Ele recebeu: "O Espírito do Senhor está sobre mim, porque ele me consagrou pela unção para evangelizar os pobres [...], para proclamar um ano de graça do Senhor" (Lc 4,16-21).

MARCOS 7,24-30: *"AO CHEGAR À SUA CASA, ENCONTROU A MENINA CURADA"*

Contemplamos o encontro de Jesus com outra mulher não judia. É um diálogo entre Jesus e uma mulher anônima, no qual não aparece nenhum outro personagem, nem testemunhas; um diálogo face a face na região pagã de Tiro e Sidônia. Marcos assinala que Jesus, para passar despercebido, entra em uma casa, porém não consegue permanecer escondido. Isso nos dá um sinal de que a mulher estava esperando, vigiando, ansiosa por conta da enfermidade de sua filha. É grande a sua expectativa.

A mulher toma a iniciativa de se aproximar e de se prostrar a seus pés: "Ouviu falar dele, veio e atirou-se a seus pés" (7,25), em uma atitude de reverência e de confiança. Apesar de sua condição de mulher pagã e estrangeira, o que a proibia de se aproximar de um judeu, arrisca-se a elevar a voz e suplicar pela cura de sua filha. Como já feito em outras oportunidades, esperaríamos que Jesus se colocasse a caminho e acompanhasse a mulher até onde se encontra sua filha doente; ao menos foi isso que fez com Jairo (Mc 5,24) (aquele era um judeu de boa reputação!). No entanto, Jesus inicia uma fala na qual a mulher escuta que seu pedido foi postergado por ela ser pagã, excluída da esfera sagrada de Israel, distante de Deus e do templo. "Não é bom tirar o pão dos filhos e atirá-lo aos cachorrinhos" (7,27).

A negativa de Jesus, sendo judeu, parece clara; seria injusto privar de pão "os filhos" para dá-lo a estrangeiros. Essa mulher desconhecida será quem o ensinará a ampliar o alcance de Deus e a deixar de lado seus preconceitos judaicos. É na boca dessa mulher que Marcos colocará o tratamento de "Senhor" (*Kyrie*) dirigido a Jesus. Ele, todavia, não reconheceu a dignidade dela, que se adianta em se fazer reconhecida por Ele. Olha para Ele e espera para além do momento presente.

As respostas desconcertantes de Jesus não a desanimam: ela não se retrai nem se cala, porque deseja conseguir a todo custo a cura de sua filha, tem um motivo forte, não está ali para se beneficiar. Não se dá por vencida por sua condição de estrangeira nem pela situação de desprezo a qual foi submetida, e responde com humildade, audácia e sabedoria: "Também os cachorrinhos comem, debaixo da mesa, as migalhas dos filhos!" (7,28).

A mulher transformou a negativa de Jesus em uma hierarquização: primeiro os filhos de Israel, porém, depois, também os pagãos. Enquanto os judeus, como o filho mais velho da parábola, vão recusar a participar do banquete, essa mulher reconhece que é tão farto e esplendido que, com o pouco oferecido, saberá usá-lo bem.

Thomas Merton escreveu a Dorothy Day no dia 22 de dezembro de 1961: "As pessoas não são conhecidas pela inteligência nem pelos seus princípios, mas apenas pelo amor". E isso é o que essa mulher revela a Jesus: sua profunda identidade de criatura amada por um Deus maior que sua etnia, sua condição ou sua religião.

Essa mulher cananeia revelará a Jesus até que ponto seria capaz de expandir a fecundidade da sua vida doada, *ampliando assim o horizonte de sua missão*. E Jesus não só ajudou uma mulher necessitada e a sua filha, mas também experimentou a alegria do dom que elas, em sua pobreza, davam a Ele. Essa mulher estrangeira e pagã – quem diria! – havia ensinado a Jesus a se voltar um pouco mais para a novidade de Deus e para o mistério dos outros. Abriu-se nele essa brecha da inclusão, que iria se dilatar cada vez mais.

Jesus foi confrontado pela sabedoria humilde dessa mulher, e descobre que a vontade de Deus, seu amor projetado sobre o mundo, tem caminhos que Ele vai receber também por meio dos outros.

Essa mulher, que o capacita a ter compreensão e a abrir-se à universalidade de sua missão, lhe revela algo mais próximo do sonho de Deus: que sua vida seria entregue por todos. E Jesus irá reconhecer a autoridade de suas palavras: "Pelo que disseste, vai: o demônio saiu da tua filha" (7,29). No original em grego é dito algo assim: "Tu me anunciaste uma boa notícia".

Mediante as palavras dessa mulher, acontece a recuperação da filha e, concomitantemente, o acesso à salvação de todos os excluídos dos costumes sagrados dos judeus. Recordo-me de uma anedota dita no Brasil: uma professora missionária entre os indígenas Munky disse a uma índia: "Escuta, tenho uma coisa para lhe ensinar". A índia a olhou bem e respondeu: "Melhor dizendo: 'Temos algo para aprender juntas'". Penso se não seria isso o que essa mulher transmitiu a Jesus. Ela se converte, agora, naquela que partilha o pão com todos.

Com a mulher cananeia, e com tantas outras mulheres que ao longo da história se arriscaram por outros e empenham suas vidas em aliviar o sofrimento, pedimos ao Senhor a graça de nos oferecer, com tudo o que somos, para o seu Reino: "Por você, com você, em você".

Orar com a mulher cananeia

Pedir ao Senhor a graça de não ser surda ao seu chamado, mas sim disposta e solícita.

– Recordo meu primeiro chamado, a vocação inicial, a atração para Jesus, o desejo de me entregar inteira. O Senhor, que conhece minha vida profundamente, necessita de mim para ir até os outros em seu nome. Somente Ele me proporciona a fecundidade.

– O chamado não é somente pessoal: fui *con-vocada*, com outras mulheres, a segui-lo e servi-lo, juntas.

Lc 4,16-21: *Chama-me e me dá seu Espírito*
Como acolho em minha corporalidade esse chamado: no meu psicológico, no meu temperamento, no meu afeto, na minha sexualidade...? Jesus quer centralizar toda nossa vida e dinamizá-la para o Reino.

Sou uma mulher perdoada, uma mulher livre, aquela que Ele quer ungir com o perfume de seu Espírito. Deixar que Ele vá derramando-o sobre mim. Deixo-me batizar também:

– Sobre *os pés*, para caminhar até os que estão fora e distantes.

– Nas *mãos*, para tocar abençoando os que não foram tocados.

– Nos *olhos*, para ver que, no mais profundo da realidade, está a bondade e a misericórdia.

– Na *boca*, para dizer palavras que curam e dão ânimo.

– Nos *ouvidos*, para escutar o clamor profundo dos outros.

– No *coração ferido e aberto*, para que passe a corrente de seu amor.

Mc 7,24-30: *A que compartilha o pão*
Jesus foi confrontado pela sabedoria humilde dessa mulher. E descobre que a vontade de Deus, seu amor projetado sobre o mundo, tem caminhos que Ele vai também receber por meio do odre novo que uma estrangeira lhe oferece.

– Contemplar a cena e se perguntar:
  • Corro riscos a favor de outros?

- Quais são minhas meninas endemoniadas?
- Quais convites novos, que chamados, surgem neste momento de minha vida?

– Olho como Jesus se deixa modificar pela relação com essa mulher, e como isso amplia o seu horizonte:
- Deixo-me também surpreender e conduzir pelos outros?
- Quem me anuncia boas notícias?
- Quais são as realidades que vivo e que me pedem uma abertura, uma visão nova, uma ampliação do coração?

Ofereço minha pessoa para o serviço de seu Reino: *Toma, Senhor, e recebe:*
Toma, Senhor, e recebe toda minha liberdade,
minha memória, meu entendimento, minha vontade,
minha afetividade, minha sexualidade, minha debilidade...
tudo é vosso.
Disponha...

4.2 Maria em Caná: antecipar o banquete

Foi na entrada do povoado de Ollantaytambo, perto de Cuzco. Eu tinha me despedido de um grupo de turistas e estava sozinho, olhando de longe as ruínas de pedra, quando um garoto do lugar, fraco, esfarrapado, se aproximou e me pediu que lhe desse de presente uma caneta. Não podia lhe dar a caneta que tinha porque a estava usando para tomar não sei que notas chatas, mas me ofereci para desenhar um porquinho em sua mão.

De repente a notícia se espalhou. Logo me vi cercado por um enxame de meninos que exigiam, gritando, que eu lhes desenhasse bichos em suas mãozinhas rachadas de sujeira e frio, peles de couro queimado: havia um que queria um condor e outro que desejava uma serpente; outros queriam papagaios ou corujas; e não faltava os que queriam um fantasma ou um dragão.

E então, no meio daquele alvoroço, um menino de rua, que não tinha mais que um metro do chão, me mostrou um relógio desenhado com tinta preta em seu punho:
– Um tio me mandou... Ele vive em Lima – disse.
– E funciona bem? – lhe perguntei.
– Atrasa um pouco – reconheceu[25].

João 2,1-11: "Fazei tudo o que Ele vos disser"

A sombra do Espírito irá conduzindo Maria pelas encruzilhadas; ela irá preparando os caminhos para a surpresa e a irrupção da vida de Deus. Com ela, emergem possibilidades latentes, novos olhares e registros inéditos.

Com Maria, tomamos consciência, agradecidas, desse Mestre Interior que levamos dentro de nós. É um tempo no qual pedimos poder *saborear internamente* a ação do Espírito em nossas vidas e na história: *conhecimento interno* desse Mestre para nos deixar mover por Ele, como Maria se deixou.

No Evangelho de João, o primeiro local aonde Jesus vai com seus discípulos é a um casamento. Nossas vidas tendem para esse banquete, como que para mostrar que somos feitas para a festa. O culto verdadeiro, do qual Jesus falara para a samaritana, é a comemoração de nossa vida, de toda a vida, porque Deus se celebra em nós como ser humano.

Celebrar toda a vida

Naquela época, as bodas em Israel duravam uma semana. Em aramaico, a palavra *boda* e a palavra *beber* provêm da mesma raiz. O vinho na Bíblia representa o gozo da festa, a alegria do coração. "Puseste em meu coração mais alegria do que quando seu trigo e seu vinho transbordam" (Sl 4,8). O vinho também é símbolo do amor nupcial no Cântico dos Cânticos: "Teus amores são melhores do que

---

[25]. GALEANO, E. *Celebración de la fantasía*. Disponível em: www4.loscuentos.net/cuentos/other/10/16/163/. Acesso em: jul. 2024.

o vinho" (Ct 1,2). "Tua boca é vinho delicioso" (7,10). "Dar-te-ei a beber vinho perfumado" (8,2). Porém, naquele momento, não tinham vinho suficiente.

Maria se dá conta de que não têm mais vinho, quando as pessoas precisam brindar juntas e se alegrar, e diz a Jesus: "Eles não têm mais vinho" (Jo 2,3), como se quisesse dizer-lhe: "Eles estão vazios, estão carentes de tua vida...". O que desencadeia o gesto é o "eles não têm vinho" na boca de uma mulher. Maria é quem coloca em ação o processo de transformação. É a mãe das transformações, intui que as coisas não podem seguir do mesmo jeito.

É a forma de olhar de Maria, que descobre o quão necessitados estamos de Deus, e ela nos dirá aquelas palavras que levaremos por toda a vida: "Fazei o que ele vos disser". Ela nos ensina que essa é uma vontade infinitamente boa, e o melhor que nos pode acontecer é nos abandonarmos nela.

E, pela resposta de Jesus, parece, à primeira vista, que o assunto não é da conta dele; porém, o fato é que Ele transforma a água em vinho. "Havia ali seis talhas de pedra" (2,6), e Jesus diz aos servidores que as encham de água. Quando acontece a transformação em vinho, a quantidade será muito maior, como querendo simbolizar que Deus dá em abundância. Jesus dá sempre muito mais.

A *antiga aliança* se apresenta nessa passagem como uma boda na qual acabou o vinho, a alegria, o amor. Tudo se reduziu a um legalismo, as talhas de pedra estão vazias (2,6), e Deus deseja fazer uma aliança nova, oferecer um novo tempo. O que está por trás do simbolismo é que somos feitos para as bodas; que não existem mais essas divisões na humanidade: divisões entre povos, entre ricos e pobres. "Jesus veio para fazer cair os muros que separam os povos, para que cheguemos a ser um povo onde a água de nossa humanidade seja transformada no vinho de Deus" (J. Vanier).

Jesus nos oferece os meios para que sejamos transformadas. *Transformação* não é o mesmo que mudança; desejamos mudar quando nos custa aceitar tal como somos. As estratégias de mudança algumas vezes comportam elementos agressivos. Irritamo-nos contra nós mesmas. A transformação é mais suave; somente pode ser transformado o que foi aceito. Observar e acolher o que existe em nós para apresentar perante Deus, sem juízo. A transformação requer sempre um encontro. Quem se limita a cumprir leis interiores se incapacita para desfrutar da boda, para participar na boda. Somente quem bebe da fonte do amor pode tomar parte na celebração.

Trata-se de soltar os odres velhos que precisam ser liberados e nos deixar encher sem medo; colocar as talhas de nossa vida em circulação, de não as esconder nem de retê-las, porque se tornam vinagre. E levar o vinho para aqueles que não sabem que foram convidados; sair pelos caminhos convidando para o banquete os coxos, os cegos, os aleijados e os abandonados.

Nas duas vezes em que Maria aparece no Evangelho de João, em Caná e na cruz, ela está em estreita colaboração com os discípulos. No primeiro momento, com o grupo inteiro de discípulos; no segundo, com o discípulo amado. Sentir que estamos em "estreita colaboração com ela".

Antecipar a hora da alegria

Assinala Joan Chittister: "Se o papel da vida religiosa for considerado meramente como funcional, as necessidades são muitas e as vocações, insuficientes... Então, a questão é se a vida religiosa tem alguma utilidade na era dos leigos".

Somos realmente úteis? Foram úteis os anos na vida de Jesus sobre os quais nada sabemos? Era útil o pequeno óbolo daquela viúva no templo? São úteis os milhões de seres humanos que, aos olhos do Fundo Monetário Internacional, não contribuem? E somos chamadas a unir nossas vidas às suas.

Não devemos medir o valor de nossa vida pela utilidade que ela possa ter. Isso é o que prima na cultura dominante: "Quanto dá, quanto vale". Por isso a competição é brutal, e nos afastamos das pessoas com deficiência, dos idosos e de todos aqueles que não produzem. Esse modo de agir nos desumaniza. A proposta vem de outro centro: não é a utilidade, mas sim *a gratuidade*, que passa a fazer parte da origem e da identidade de nossa vida. Quem quer viver constantemente na doação, à maneira de Jesus, que procure reconhecer e consentir com o tempo de Deus, que acontece na gratuidade e no que não conta. "Não só somos responsáveis pelo trabalho; somos também responsáveis pela alegria" (B. González Buelta).

Em um mundo conectado e diversificado, plural e fragmentado, que anseia reconhecer-se como Um, que tateia a fraternidade, é urgente iluminar *o tempo da amizade e da alegria*. O tempo luminoso dá um colorido vivo a uma Igreja onde muitas vezes abundam os tons de preto e cinza, porque os tons vibrantes das mulheres não são levados em consideração na hora de tomada de decisões, na elaboração de documentos ou na participação nos projetos.

Somos convocadas, junto com outros, a antecipar o tempo *da alegria*, em que o grão enterrado dará fruto. Porque não é a nossa semente, mas sim a de Deus, enterrada em nossas vidas, que dia e noite cresce na história, sem que possamos saber como.

SER MULHERES DO "TERCEIRO DIA"

A cena que nos mobilizou ocorre "no terceiro dia" (2,1). Caná é o *começo* do acontecimento que desembocará no momento culminante, o qual se denomina como *a hora* de Jesus, de sua vida entregue por amor. Nos Evangelhos, o terceiro dia é aquele no qual Jesus ressurge dentre os mortos. Somos convidadas a ser mulheres do *terceiro dia*, em que nos colocamos com confiança na ação de Deus; um tempo tomado por Deus, onde Ele ocupa o lugar principal.

Necessitamos *gerar espaços de presença e cordialidade*, onde seja possível antecipar esse dia. Tornar-se *presente* para homens e mulheres do nosso tempo. Reconhecer seu profundo desejo de ser compreendidos e curados. Oferecer-lhes espaços onde não se sintam julgados, mas sim onde o calor do carinho, com um amor tranquilo e secreto, possa fazer emergir o melhor.

Mulher imprescindível para que não falte o vinho, Maria nos faz perceber as possibilidades de nossas talhas e do que Alguém deseja continuar fazendo com elas. O mestre-sala diz ao noivo: "Tu guardaste o vinho bom até agora!" (2,10). Mergulhar nestas palavras: o vinho do final é mais saboroso que o vinho do começo. Temos a tendência de idealizar o passado, porém o Evangelho nos diz que o melhor de nossas vidas está ainda por vir.

Entrar nesse banquete junto com Maria, observar seus sentimentos, pedir-lhe que nos ensine seus modos, dialogar com ela sobre nossa capacidade de desfrutar nosso vinho; levar também a ela essas realidades mais necessitadas.

León Tolstoi esboça um retrato de sua tia, que lhe serviu de mãe quando ficou órfão. Diz assim:

> O que mais me impressionava sobre ela e o que mais me influenciava era sua admirável bondade com todos, sem exceção. Eu tento recordar – e não consigo – uma única vez em que houvesse aborrecido, em que tivesse dito uma palavra dura, em que houvesse pronunciado um juízo contra alguém. Em trinta anos de vida ao seu lado, não me recordo que o tenha feito, uma única vez! Jamais! Nunca ensinou com palavras como havia de viver... Todo seu trabalho espiritual, o fazia por dentro; por fora, somente se viam os seus atos, melhor dizendo, algo além do que seus atos: sua vida serena, amável, solícita, não com um amor irrequieto voltado para si mesma, mas sim com um amor pacífico e secreto. Trabalhava em uma obra de amor interiorizado, e por isso resultava impossível estar inquieta. E estas duas faculdades – a paz e o amor – atraíam os demais e proporcionavam, por sua vez, um encanto especial. A rodeava um ambiente cálido de amor, de amor aos presentes e aos ausentes, aos vivos e aos mortos, aos homens e até aos animais[26].

Que Maria nos ensine essa obra de amor interiorizado, seja qual for nosso momento e o espaço e os rostos por onde se desdobre nossa vida!

---

26. Citado em LACHMANOVA, K. *Compasión*. Salamanca: Sígueme, 2005.

Orar com Maria em Caná
Jo 2,1-11: "Eles não têm vinho"
– Pedir a Maria sua sensibilidade, sua liberdade de coração, para perceber as pessoas e realidades mais necessitadas e levá-las a Jesus.
– Contemplar a capacidade criativa de Maria, sua imaginação, e acolher seu convite para você também entrar no ambiente do banquete, da festa, da vida celebrada.
– Pedir que ensine os "modos", as palavras oportunas e os gestos para acolher e celebrar a vida do Reino que acontece.

Celebrar a vida, toda a vida
– Que realidades e lugares do nosso mundo estão carentes de vinho, que não podem celebrar, que falta a alegria...? Traga essas situações perante Jesus.
– Que situações de sua vida estão necessitadas de vinho, de frescor, de festa...? Coloque-as também, com Maria, perante Jesus.
"Não só somos responsáveis pelo trabalho; somos também responsáveis pela alegria" (B. Gonzáles Buelta).

Perguntar a si mesma:
– Quais são os odres velhos que necessito abandonar para poder acolher em mim esse vinho novo que o Senhor fermenta?
– O mestre-sala diz ao noivo: "Tu guardaste o vinho bom até agora!" Aprofunde estas palavras.
– Já tomei consciência de que Deus está convertendo o melhor vinho de minha vida neste momento presente? De que o melhor de mim está para ser oferecido?

Trazer ao coração os nomes das pessoas com as quais você comemora o banquete de sua vida, aquelas que Deus colocou em seu caminho para conduzi-la até Ele; as que continuam aqui e as que já cruzaram até a outra margem.
Compartilhe seu vinho com elas, brinde, *agradeça*... dê graças a Deus.

5
ENTREGUES

5.1 UMA VIÚVA POBRE E GENEROSA

> Juntos, tu e eu, Senhor, podemos tudo.
> Por isto:
> porque tu estás comigo e tu és forte;
> mas também por isto:
> porque estou contigo e sou fraco.
> Por carecer de força em si mesma, a hera
> sobe o mais alto que pode,
> aderindo-se ao tronco milenar.
> Por carecer de vida em si mesmo, o ramo
> floresce e frutifica
> quando enxertado na videira.
>
> Enxertando meu nada em ti, que és a Vida,
> podemos florescer.
> Aderindo meu nada em ti, que és a Força,
> podemos resistir.
> Juntos, tu e eu, Senhor, podemos tudo...
> Deixa-me somente carecer[27].

LUCAS 21,1-4: "ELA OFERECEU TUDO O QUE POSSUÍA PARA VIVER"

Sentimo-nos como mulheres conduzidas que querem celebrar a vida e corresponder ao sonho de Deus sobre o mundo. Entregar-nos a esse sonho com Jesus é deixar que se ative e vá tomando força em nossas vidas o princípio da compaixão e da generosidade. Olhar com os olhos de Jesus nos educa, coloca-nos *de olhos bem abertos*.

---

27. Poema inédito de Cristina White, RSCJ.

Vamos contemplá-lo por meio de um ícone: a viúva pobre que dá tudo o que necessita para viver. É um gesto que passa despercebido para muitos outros e que, entretanto, Jesus recebe e louva. Trata-se de uma mulher anônima que pratica a misericórdia mediante suas perdas e sua pobreza.

Diz o relato que Jesus estava sentado em frente ao lugar das oferendas e observava. Acabara de instruir os seus discípulos sobre o perigo da vaidade, do apego às coisas materiais, da busca de fama e reconhecimento (Lc 20,46-47); então, sentado em frente ao lugar das oferendas, viu como alguns ricos lançavam grandes quantias, e, ao descobrir de repente uma viúva pobre que lançou duas moedinhas, disse: "De fato, eu vos digo que esta pobre viúva lançou mais do que todos, pois todos aqueles deram do que lhes sobrava para as ofertas; esta, porém, na sua penúria, ofereceu tudo o que possuía para viver" (Lc 21,1-4).

Não há mais comentários, nem mesmo a cena continua. Tudo foi dito. Jesus descobriu nessa mulher uma atitude esplendida: o comportamento de alguém que espera tudo em Deus. Encontramo-nos diante de uma mulher sem nome, que não se sabe se é jovem ou não, apenas que era viúva. As viúvas, no sistema sociojurídico de então, eram as pessoas mais desprotegidas de Israel. Tendo perdido o marido, que lhe dava proteção e sustento, uma viúva ficava sem ninguém que a protegesse. Economicamente, nem os familiares do seu falecido marido nem os próprios familiares tinham a obrigação de se responsabilizar por ela, que muitas vezes terminava pobre e abandonada.

Jesus nos faz ver a magnanimidade, a generosidade dessa mulher em meio a sua pobreza: "Lançou mais do que todos". O ato de doar, o dinheiro que lançavam os que tinham mais, fazia muito barulho ao cair; as duas moedas da viúva apenas ressoam. Há de se ter um ouvido que esteja atento para descobrir esse gesto silencioso de uma mulher que vive em doação, que não retém nada para si. Também Jesus dará, pouco depois, por amor, tudo o que tinha para viver: Ele se identifica com essa mulher viúva.

O gesto dessa mulher é o oposto de controlar e guardar o que se possui. Seu gesto atrevido a deixa aberta, esvaziada e disponível para receber de uma vida maior, para confiar na bondade do Mistério. Etty Hillesum escrevia em seu diário em plena deportação: "De agora em diante, tudo me pertence, e a minha riqueza interior é imensa... Tu que me tens enriquecido tanto, Deus meu, me permita também dar a mãos cheias"[28].

O MOVIMENTO DA GENEROSIDADE

Jesus faz esse movimento de generosidade da vida que lhe foi entregue. Reunir a capacidade de ser generoso é reunir a energia criadora em nós; quando amamos, estamos do lado da vida. A prática da generosidade começa pela doação de coisas concretas, tem a ver com a qualidade da benevolência e da *disponibilidade*.

Em todas as grandes religiões se dá muita importância às esmolas, ao esplendor das coisas materiais, não pela quantidade, mas pelo ato de doar. O importante não é a quantidade, mas a qualidade, a atitude do coração. Diz um provérbio: "Aquele que quiser receber em seu interior, há que dar externamente", porque o ato de oferecer algo externamente nos torna capazes de abrir nosso interior.

A que nos apegamos? Com frequência, se refletirmos sobre isso, nos apegamos a coisas passageiras, sem grande valor, porém nos identificamos com elas e cremos que nos dão segurança. Essas práticas têm como finalidade nos desfazer do antigo funcionamento do ego, que tende para a segurança e a proteção. Quando nos abrimos no plano das posses, algo também se abre no plano do coração.

Outra qualidade da generosidade é a *proteção*. O caminho da compaixão nos diz que não se trata de querer dar algo, mas de estarmos abertas, de não nos fecharmos à petição. Podemos oferecer o amparo da nossa benevolência. Entregar-se mediante um gesto, um apoio afetivo; dar também a outra pessoa a capacidade de ser independente. Uma mãe dá à sua filha o que ela necessita, mas tam-

---

28. FRANK, E. *Con Etty Hilessum em busca de la felicidad*. Santander: Sal Terrae, 2006.

bém lhe dá a capacidade de não depender dela, de criar e de ser por si mesma. Proteção não significa protecionismo, mas sim oferecer chão, espaço para crescer, oferecer cordialidade e presença. Trata-se de manter as *mãos abertas*, de aceitar o outro, de oferecer espaço e atenção. Temos toda a vida para aprender a amar bem.

Não reter

Aquilo a que nos apegamos nos aprisiona; aquilo que possuímos nos possui. Estar sã significa saber abrir e fechar. Temos de ser capazes de aceitar, de receber, de abraçar e de deixar ir. A generosidade é também saber se contentar com o que se tem. É o reconhecimento do que nos é dado; e nos foi dado muito. Saber acolher com gratidão o que nos é concedido: é quando, então, somos capazes de dar.

Sermos generosas têm a ver com estarmos disponíveis e abertas; não nos apegarmos às tarefas, às pessoas, ao que fizemos ou fomos em outros tempos. É estarmos abertas para nos deixar levar para onde a vida precisa de nós. É nos atrevermos a deixar nossas moedas, apesar de senti-las de tão pouco valor, porque esse gesto dá sentido a nossa vida e volta fecundo também para a vida dos outros. Passar de nossas mãos apegadas para mãos que se estendem para oferecer e compartilhar.

Santo Agostinho dizia: "Se estendes a mão para dar, mas se não tens misericórdia no coração, não fizeste nada; em troca, se tens misericórdia no coração, ainda que não tenhas nada para oferecer com as tuas mãos, Deus aceita a tua esmola". Assim, importa o dom interior e a atitude de abertura para o outro, a disposição de ajudar.

Empobrecemos para dar alívio

Os que enriquecem aos outros, os que *sustentam a partir do mais baixo do mundo*, são aqueles homens e mulheres que se doam, entregando as duas últimas moedas que lhes restam. Será que sonhamos com um mundo de mulheres e homens que sofreram perdas, mas que dão e que se dão porque continuam dispostos a viver um novo amor, um amor diferente, gratuito, aberto?

Precisamos gerar, pessoal e comunitariamente, novas causas para canalizar nossa generosidade e criatividade. Dizia Carlos de Foucauld: "Qualquer que seja a forma de pobreza a que for chamado, uma coisa é certa: se amo a meus irmãos, não posso ser muito rico... Quando amamos o próximo, o primeiro fruto desse amor é nos empobrecermos para aliviá-lo".

Jesus reconhece nessa mulher pobre e generosa duas bem-aventuranças: "Felizes os pobres em espírito porque deles é o Reino dos Céus. [...] Felizes os misericordiosos, porque alcançarão misericórdia" (Mt 5,1-10).

Também àquela viúva de Sarepta, que alimentou Elias com o pouco que tinha para alimentar a si e a seu filho, disse o profeta: "Não temas [...]. A vasilha de farinha não se esvaziará e a jarra de azeite não acabará, até o dia em que Iahweh enviar a chuva sobre a face da terra" (1Rs 17,7-16).

Que a viúva pobre do Evangelho seja para nós um ícone de aprendizagem dos *modos* de Jesus: a doação, a generosidade e a confiança, o abandono na bondade do Mistério.

> Noemi, a viúva pobre, ainda tinha os dedos das mãos doloridas quando depositou em silêncio sua oferenda para os pobres no templo. Tinha trabalhado durante todo o dia colhendo azeitonas no olivar de Sadoc, um alto funcionário. Ao final da jornada, não pensou que algum vizinho pudesse estar em apuros. Ela não tinha comprado nada a crédito na tenda de Josias. Seu véu descolorido poderia durar um pouco mais. As bugigangas anunciadas pelo vendedor ambulante montado em seu camelo não seduziram o seu coração.
> Noemi sabia muito sobre a fome presa como um alfinete no meio do estômago, as dívidas cobradas com insistência, a ameaça dos cobradores e as emergências repentinas desequilibrando, em um instante, a frágil existência. Por isso deixou com alegria uns centavos no templo, presente seu e de Deus para um irmão. Era pouco dinheiro, mas era tudo para ela. E o coração inteiro ficou aberto para todo o dom que o Deus do Reino lhe oferecia[29].

---

29. BUELTA, B. González. *El rostro femenino del Reino*: orar con Jesús y las mujeres. Santander: Sal Terrae, 2008.

Orar com a viúva pobre

1Rs 17,7-16: *"A vasilha de farinha não se esvaziou, conforme a predição que Iahweh fizera".*

Aprofunde-se neste relato do Antigo Testamento:
– O que você teme perder hoje? O que retém por medo de ficar sem, de ficar seca?
– Acolha a promessa do profeta, ali onde estão os seus temores: "A vasilha de farinha não se esvaziará".

Lc 21,1-4: *A generosidade do amor*
– Observe o apreço com que Jesus contempla a vida dessa mulher pobre.
– Creio verdadeiramente que as minhas duas moedinhas sejam tão valiosas para Deus? Atrevo-me a deixá-las sem acreditar que sirvam por valer pouco?
– O que significa para mim, hoje, *dar* do que necessito para viver? Qual o meu nível de confiança para viver a partir dessa atitude?
– O que retenho, a que me apego, o que me impede de uma completa doação?
– Vivo a partir de uma atitude de "gratidão", com generosidade, ou vivo na obrigação, de modo apegado?

Coloco-me junto a Jesus, e peço para que Ele me ensine o "seu modo" de se doar:
– Quem são as pessoas que observo que, vivendo em sua pobreza, dão tudo o que têm e são?
– Trago-as todas no meu coração e dou graças a Deus por elas (Mt 5,1-10).

5.2 Marta e Lázaro: chamado à vida

Temos de mergulhar na amizade, assim como em Deus, para voltar a empreender o caminho com força e potência novas, para os homens, para o mundo hoje: "Não permitas que nada do amor se perca".

Temos a necessidade, ou melhor, a exigência clamorosa de expressar a amizade [...]. A experiência transcendente de Deus e o encontro pessoal com o amigo em suas dimensões mais profundas convergem a uma unidade cuja evidência apenas suspeitamos, mas que nos encherá de felicidade: que todos sejam um, como tu, Pai, estás em mim e eu em ti. Isso penetrará até nossa sensibilidade e nosso ser corporal, na evidência de felicidade intensa [...].

Toda vida nasce da profunda liberdade das nossas forças afetivas; tratar de vivificá-las, de fazê-las mais profundas, de alimentá-las, é se preparar para o encontro definitivo com Deus[30].

MATEUS 11,1-31: "ÉS TU AQUELE QUE HÁ DE VIR"

Vamos contemplar no Evangelho de João o que significa para Lázaro, para Jesus e para Marta serem capazes de viver uma amizade que os coloca em *estado de amor*, e como sua relação torna *transparente* a potência do amor de Deus em meio a eles. Jesus, em uma situação de perda e de fragilidade, convida Marta a crescer em intimidade com Ele: "Se quiseres vir comigo, se te atreves...", e a chama a ser geradora, a dar vida ao chamado à vida em outros.

Mergulhamos no capítulo onze de João, no desapego dos afetos e dos vínculos. Marta vai crescendo em profundidade e em capacidade de doação, vai *ordenando* sua casa, vai se embelezando e amadurecendo como pessoa.

"Quando Marta soube que Jesus chegara, saiu ao seu encontro" (Jo 11,20). Agora ela toma a iniciativa. Nas situações-limite da vida, damo-nos conta de onde estamos colocando o nosso centro, do que temos atrelado ao nosso coração. Quando Marta tem que suportar e enfrentar a morte de seu irmão, será para ela um momento de verdade consigo mesma e com Aquele que a estava ensinando a viver.

Agora se coloca ao lado de Maria e, juntas, enviam uma mensagem a Jesus. Não é um pedido explícito, mas carrega uma pro-

---

30. RAMBLA, J. M. *Dios, la amistad y los pobres*: la mística de Egide Van Broeckhoven, jesuita obrero. Santander: Sal Terrae, 2007, p. 138. Egide morreu em dezembro de 1967, quando chapas de metal caíram sobre ele na fábrica onde trabalhava. Acabara de completar 34 anos. Seu modo de entender a amizade, sua amizade com os pobres, e de vivê-la como experiência de Deus me evoca a relação de Jesus com Lázaro e suas irmãs.

funda confiança nas possibilidades do amor: "Senhor, aquele que amas está doente". Elas não dizem "nosso irmão", porque querem vinculá-lo a Ele: "Aquele que amas está doente". "Jesus amava Marta e sua irmã e Lázaro" (v. 5), e é nessa corrente de vida que aprendemos o poder curativo que as relações têm. Voltar à casa de seus amigos, em um momento que estão feridos, supõe que também Jesus se deixa ferir. Ele terá que perder algo para dar ao amigo. A intimidade nos faz vulneráveis: "Rabi, há pouco os judeus procuravam apedrejar-te e te vais outra vez para lá?" (v. 8). "Vamos também nós, para morrermos com ele!" (v. 16).

É nessa situação de vulnerabilidade que Marta se deixa ordenar e fazer seu aprendizado de verdadeira discípula. O que Marta foi aprendendo desde aquela vez em que pedia ajuda para si? O que foi experimentando ao viver o cotidiano de transformar a casa e os seus "afazeres", e as dores, quando o Senhor esteve lá? Agora é uma mulher que cresceu e que se atreve a expressar uma petição maior, não para ela, mas para o seu irmão, e diz a Jesus: "Senhor, se estivesses aqui, meu irmão não teria morrido" (v. 21). "Mas ainda agora sei que tudo o que pedires a Deus, ele te concederá" (v. 22).

Jesus encontra uma oportunidade para se manifestar. Ele a mergulha um pouco mais fundo, Ele mesmo é a Porta da Vida. Cruzar essa porta é um convite seu, e é decisão nossa empurrá-la suavemente para dentro e avançar para onde desconhecemos. Até aqui, Marta sabia; agora ela vai deixar que seja Jesus quem a leve para onde ela desconhece. "E quem vive e crê em mim jamais morrerá. Crês nisso?" (v. 26). Como se quisesse lhe dizer: "Você é capaz de compreender isso? Você está preparada para acolher?"... "Sim, Senhor" (v. 27).

Marta entra no "sim" de Deus, na sua afirmação a cada ser que vive e respira, confirmando Jesus na própria experiência como filho amado: "Tu és [...] que vem ao mundo" (v. 27).

Nossa vida é uma constante criação, uma constante descoberta de nós mesmas. O sentido da vida é minha afirmação profunda, mas uma afirmação que implica, ao mesmo tempo, a expressão plena de mim e a afirmação cada vez maior dos demais. É muito forte o vínculo que Jesus e Marta estão tecendo. Sem vínculos não podemos cuidar da vida nem a ajudar a crescer.

AFIRMAR NOSSOS VÍNCULOS

Os vínculos são laços que mantêm duas pessoas unidas, que as comprometem a se ocupar umas das outras. Os vínculos se criam pelo contato ou pela *conexão*. O grande indicador de qualidade dos nossos vínculos é a nossa capacidade de cuidar do outro, de *favorecer seu bem-estar e crescimento*. Existem muitas formas e graus de cuidado aos demais. A mais básica de todas é o *respeito*: não prejudicar, não interferir, não obstaculizar seu desenvolvimento; outra forma é nos interessarmos, sentir atração, curiosidade, receptividade, preocupação por suas vidas... e, em consequência, compartilhar empaticamente o que desejam compartir; *satisfazer* suas necessidades mais elementares de escuta, de consolo, de apoio, de informação, de companhia. E o cuidado mais profundo e comprometido é *nutrir* ativamente a outros: com alimento, proteção, carinho, educação, sabedoria..., e nos deixar nutrir por eles.

Nossa capacidade de cuidar implica nossa capacidade de *ver* as pessoas. E para ver bem necessitamos ter superado, ao menos em parte, nossa miopia infantil: nosso egocentrismo, nossa avidez, nossos medos, nossas desconfianças[31].

Muhammad Yunus, o banqueiro dos pobres que recebeu o Nobel da Paz, diante da pergunta: "Qual é a lição mais revolucionária que tem aprendido com os pobres?", respondeu: "O que mais tenho aprendido é que cada ser humano possui um potencial ilimitado... a lástima é que nos limitamos a arranhar a superfície". Crer nas possibilidades adormecidas em cada pessoa, em seu potencial ilimitado, no trabalho do amor nela, em sua capacidade de ser curada e ordenada para a vida: "Tu és o Cristo, o Filho de Deus que vem ao mundo" (v. 27b). Oxalá pudéssemos receber a cada pessoa como "aquela que

---

31. "A árvore frondosa, que se sustenta sobre o próprio corpo, dá muito: sombra, abrigo, frutos, materiais [...]. Mas também recebe a companhia e a influência de muitos outros: chuva, sol, fungos, bactérias, besouros [...]. E, assim, como interage com os demais por inumeráveis vínculos recíprocos, a vida inteira flui por todos os lugares, entrelaçando todos os seres vivos e inertes do bosque. Esse é o poder dos vínculos, quer dizer, do amor". Disponível em: http://www.psicodinamicajlc.com/blog/pivot/entry.php?id=72. Acesso em: jul. 2024.

há de vir", porque algum crescimento nos vem com ela, algum amor e alguma dor, ainda que só possamos descobrir isso depois.

Marta estava como Moisés, olhando aquela terra prometida que era o corpo aberto de Jesus: "Eu sou a ressurreição" (v. 25); e faz a mesma confissão que Pedro: "Eu creio que tu és o Cristo" (v. 27). Disse João que "Jesus [...] estava no lugar em que Marta o fora encontrar" (v. 30). Ele também tinha necessidade de aprofundar o que recebera nesse intercâmbio mútuo de saberes e de dons. No diálogo, na escuta que se tem recebido, cada um tem encontrado o seu lugar, sabendo-se aceito e reconhecido pelo outro, passando por uma experiência de transformação mútua.

Marta "havia saído": o êxodo continuava para ela, seu caminho de libertação. Seus pés ligeiros, como os pés de tantas mulheres nos Evangelhos, já sabem para onde vão e atrás de quem; ela cresceu em maturidade e em humanidade. A partir daí será uma *mulher desperta*, capaz de despertar a outros. Busca sua irmã, já não rivaliza com ela, e lhe diz em segredo: "O Mestre está aí e te chama" (v. 28).

A escritora brasileira Lya Luft escreveu em seu livro *Perdas e ganhos*:

> Maturidade é compreender que somos um pouco senhores da nossa vida, de nosso destino, e que podemos tomar decisões para sermos mais livres, mais felizes, mais sinceros, mais humanos [...]. Quando se amadurece, é preciso ter uma bagagem interna de coisas positivas, de sabedoria, para não se comportar como uma criança pequena [...]. Há que se ver o que se espera da vida e aprender a conviver um pouco com a solitude. Há que se procurar ter pessoas a quem se quer e que lhe quer: é o tecido que se vai criando ao longo da vida. Não sendo assim, nos sentimos vítimas, e a vitimização produz hostilidade contra todos e contra tudo[32].

A princípio Marta se sente vítima de sua irmã: ela é a que faz, a que trabalha mais; ao final se sentirá senhora da sua vida. Livre para escolher o que a faz mais humana e viva.

---

32. Entrevista publicada no jornal *El País*, em 10/02/2005.

Jo 11,32-46: "DESATAI-O E DEIXAI-O IR"

Vamos colocar nosso olhar sobre Lázaro, escutar o que Jesus faz nele e o que nos convida a fazer. Jesus vai abraçar a perda de Lázaro até o fundo; e, quando a dor e a perda são abraçadas, deixam de ser nossas inimigas. "Comoveu-se de novo Jesus e dirigiu-se ao sepulcro" (v. 38), que um dia acolheria também o seu corpo. Percorreu, assim, o caminho que depois percorreriam as mulheres após a sua morte.

"Marta, a irmã do morto, disse-lhe: 'Senhor, já cheira mal: é o quarto dia!' Disse-lhe Jesus: 'Não te disse que, se creres, verás a glória de Deus?'" (vv. 39-40). Para ver a glória de Deus, há que se ir a lugares onde o cheiro é ruim, e não sair correndo. É preciso ousar, pouco a pouco, descer em nós mesmos até onde o cheiro não nos deixa passar, e esperar o aroma inesperado que, a partir do amor, invadirá toda a casa.

Os lugares que cheiram mal atraem como um imã o corpo de Jesus. Porque o leproso que Ele expressamente queria tocar também cheirava mal, e cheirava mal o filho que voltou do meio dos porcos. A glória de Deus passa por esses maus odores, e necessitamos ir ali para poder vê-la. Lázaro representa nosso mundo ferido de morte, doente; representa essa humanidade à qual Jesus nos conduz para que estendamos nossas mãos. As pessoas têm muitas zonas da própria vida necrosadas, presas nos túmulos, e Jesus nos envia para libertar, para tirar as vendas... para pôr de pé.

"Nosso amigo Lázaro dorme, mas vou despertá-lo" (v. 11). As fontes de alegria, as fontes de confiança, de gratidão no mundo e em nós...: essas fontes não estão mortas, estão adormecidas, e nos compete despertá-las com a voz, com os gestos, com os olhares.

TIRAR AS VENDAS

Diante de Lázaro, Jesus chora. É como se algo se rompesse nele. Contemplar um Jesus profundamente humano e vulnerável. "Lázaro não tem outro mérito senão ser amado por Jesus. É um personagem sem fala própria. São suas irmãs que lhe emprestam a palavra, que reclamam por ele diante de Jesus e que choram por ele. São as mulheres que cuidam desse símbolo de humanidade frágil, necessitada e pobre, diante de Jesus" (Mercedes Navarro).

O primeiro passo é remover a pedra. Quem jaz atrás da pedra está fechado a qualquer tipo de relação. Quando a pedra é removida, Jesus ora e diz: "Lázaro, vem para fora!" (v. 43). Ele chama seu amigo, e suas palavras de amizade e amor adentram-se no túmulo para levantá-lo, despertá-lo, e o incentivam a sair andando do sepulcro. A palavra de amizade de Jesus alcança, inclusive, o que está necrosado em nós. Dizem que "a grande dor dos pobres consiste em que ninguém tem necessidade de sua amizade". As palavras do amigo são as que nos enriquecem e nos levantam.

Lázaro sai para fora: "Com os pés e mãos enfaixados e com o rosto recoberto com um sudário" (11,44). Ainda não está livre, mas sim subjugado pelas vendas. Algumas amarras podem ser bloqueios internos, dependências, medos, inseguranças. O rosto de Lázaro está coberto, oculto atrás de uma máscara, não pode ser visto. A volta à vida culmina quando Lázaro está livre das amarras e pode caminhar: é possível vê-lo com nitidez, e ele pode ver com nitidez. Despertar, caminhar para a vida, significa ajudar a viver conscientemente com os olhos abertos, sem máscaras nem correntes.

Colocamo-nos junto a Jesus, com Marta e Lázaro, e acolhemos seus constantes convites para afirmar a vida, possibilitá-la aos outros, deixá-la acontecer em nós em todos os seus aspectos. Pedimos *conhecimento interno* do Senhor, para poder amá-lo e servi-lo mais despertas.

Orar com Marta e Lázaro
Jo 11,1-31: *Afirmar outras vidas*
Peço a Marta que me ensine essa confiança profunda de que o Senhor conduz nossa vida e que, em meio a todas as situações, nos leve a uma profundidade muito além do que poderíamos imaginar. É uma situação de vulnerabilidade em que Marta se deixa ordenar; Jesus a convida a crescer em intimidade com Ele e a chama a ser geradora, a dar vida, a chamar a vida nos

outros. Na nossa capacidade de cuidar, criar vínculos, implica a capacidade de *vermos* as pessoas.
– O que me ajudaria a afirmar a vida de outras pessoas?
– Como teço os meus vínculos? Pedir ao Senhor aquilo de que necessito para crescer.
– Vou acolhendo rostos, observando-os na sua profundidade e dizendo a respeito de cada um: "És aquele que há de vir".

Jo 11,32-46: Desamarrar, tirar as vendas, deixar ir
– Escutar o clamor do nosso mundo ferido pela violência, pelas divisões, pela indiferença... e pedir para não sermos surdas aos convites, aos chamados de Jesus na realidade.
– Pedir a graça de escutar a dor do mundo e desejar banhá-la na bondade e na consolação da vida de Deus.

Escutar o desejo de Deus na boca do profeta:
"Eis que abrirei os vossos túmulos e vos farei subir dos vossos túmulos [...]. Porei o meu espírito dentro de vós e vivereis" (Ez 37,12-14).

Pergunto-me:
– Quais são os "Lázaros" que me constrangem e que habitam o meu coração? Quais rostos apresento para Jesus? Por quem intercedo?
– Como se traduz, na concretude da minha vida, meu compromisso com as pessoas mais sofridas?
– Visito lugares que "cheiram mal"? Sou capaz de correr riscos pelos outros?

E sentir que Jesus nos diz: "Retirai a pedra!" Jesus nos convida a retirar sem medo as pedras para poder dizer aos demais: "Vem para fora!" Sair do que lhe sobrou da vida, do que a leva ao desânimo, do que a impede de relacionar-se com reciprocidade... Sair e entrar no Reino da confiança e das possibilidades novas. "Desatai-o e deixai-o ir...".
Jesus nos convida a ser *desatadoras de vendas:*

– Desatar as pessoas para afirmar os próprios direitos de ser respeitadas e tratadas com dignidade.
– Desatá-las para que possam se equivocar e aprender com os erros.
– Desatá-las para que possam se sentir queridas em sua fragilidade.
– Desatá-las para que possam aceitar o tempo que lhes compete viver.
– Desatá-las para que possam desenvolver todas as suas capacidades.

Desatar é chamar à vida...
– Para onde Jesus me envia, hoje, para remover as vendas?
– Como poderia fazê-lo à maneira de Jesus? O que aprendo ao contemplá-lo?

Ao acabar a sua oração, tente se colocar **no lugar de Jesus**, mergulhe nos seus sentimentos, sinta a alegria que Ele experimenta com a volta à vida de Lázaro. Participe dessa alegria quando sentir que os outros se desatam e se colocam em pé, e veja que podem liberar as suas vidas. Diga com Jesus: "Te dou graças, Pai, porque...".

"Senhor, ensina-me a encontrar-te em tudo o que cruzo em minha peregrinação para ti, para que meu desejo de ti se torne cada vez mais forte, mais completo e mais radicalmente fiel, e que assim meu amor por tudo e por todos não deixe de crescer sempre mais e mais, rumo ao seu pleno esplendor" (Egide Van Broeckhoven).

6
Sustentadas

6.1 Marta e Maria: mulheres que fazem Eucaristia

Tudo o que somos e o que temos é para ser oferecido. A entrega nos liberta. Condicionados por nossa cultura a consumir e a devorar, não sabemos largar nem compartilhar. A experiência de Deus leva à entrega, porque Deus mesmo é entrega [...]. Esse movimento de deixar ser, de ajudar os outros e as coisas a serem, e que o sejam a partir de si mesmos, é experiência de Deus, porque participa de sua capacidade criadora e alentadora.

A entrega não se dá à margem de outras formas de entrega, senão junto com elas. A doação que procede de uma profunda e ampla experiência de Deus não julga outras formas de dar-se, mas sim se alegra por elas e com elas (Javier Melloni).

João 12,1-11: "Ofereceram um jantar em honra a Jesus"

Vamos voltar nosso olhar para Maria, que esteve silenciosa e sentada aos pés do Mestre em seus primeiros encontros em Betânia, e que se sentia defendida e valorizada; que se sabia apreciada tal como era. Havia aprendido a *escutar totalmente presente*, detendo-se perante o outro, oferecendo confiança.

Maria, em Betânia, mostrava-se vazia de si mesma e disposta a se deixar levar pelo mundo de Jesus. Mas agora, com a partida de Lázaro, sente como se o chão sumisse debaixo de seus pés. Já não está quieta e sentada, *ergue-se rapidamente*, como viu sua irmã fazer, e não consegue esperar, mas sim vai buscá-lo, *foi ao encontro de Jesus* (Jo 11,29).

Maria também se prostra perante Jesus. Depois de atravessarem juntos a experiência dos limites, de reconhecerem-se feridos e de abraçarem a dor, os vínculos entre eles se fortaleceram. A morte de Lázaro foi uma *bênção disfarçada* para seus amigos. Recordemos quantos acontecimentos em nossa vida têm sido bênçãos disfarçadas e como, agora, aquilo que nos custa viver, esconde uma bênção.

Não nos foi dito explicitamente que as duas mulheres se alegram pelo retorno de Lázaro à vida. O modo como manifestam sua alegria pelo retorno de Lázaro à vida, elas o fazem por meio de um jantar compartilhado e de gestos de serviço: *o Reino está no meio delas*. Existe colaboração, há complementariedade, há reciprocidade. Servem à mesa e ungem os pés. Agora é Jesus quem se mostra necessitado, e elas oferecem a Ele sua capacidade de cuidado e de ternura.

O MODO-DE-SER-CUIDADO

> Seis dias antes da Páscoa, Jesus foi a Betânia, onde estava Lázaro, que ele ressuscitara dos mortos. Ofereceram-lhe aí um jantar; Marta servia e Lázaro era um dos que estavam à mesa com ele (Jo 12,2).

Marta aprendeu a passar do *modo-de-ser-trabalho*, quando reclama a intervenção de sua irmã (Lc 10,40), para o *modo-de-ser-cuidado*.

> Cuidado: em sua forma mais antiga (*cura*, em latim), essa palavra era usada em um contexto de relações de amor e de amizade. Expressava a atitude de cuidado, de desvelo, de inquietude e de preocupação pela pessoa amada [...]. O cuidado somente ocorre quando a existência de alguém tem importância para mim. Passo, então, a me dedicar a ela; disponho-me a participar de seu destino, de suas buscas, de seus sofrimentos, de seus êxitos e, definitivamente, de sua vida. Dessa forma, cuidado significa desvelo, solicitude, diligência, zelo, atenção, delicadeza. Estamos diante de uma atitude fundamental de modo-de-ser pelo qual a pessoa sai de si e centra-se no outro com desvelo e solicitude[33].

---

33. BOFF, L. *O cuidado necessário*. Petrópolis: Vozes, 2013.

Em tudo amar e servir, repetirá Santo Inácio, reforçando continuamente essa dimensão de totalidade. Na figura de Marta, vemos como isso ocorre, como o serviço e o amor se tornam um só. Marta fará com Jesus o que logo Ele fará conosco. "Pois, qual é o maior: o que está à mesa, ou aquele que serve? Não é aquele que está à mesa? Eu, porém, estou no meio de vós como aquele que serve!" (Lc 22,27). Jesus se identifica com Marta e, por meio dela, nos convida a comer e a beber dessa mesa. É verdadeira discípula, porque faz o que vê o seu Mestre fazer.

Marta nos ensina que "servir" não é nada que adicionamos em nossa vida, nem nada que dependa de algum mérito de nossa parte, mas que o serviço é o proceder natural do que somos. Quando uma árvore se sente enraizada na terra, ama a sua semente, abandonando-se ao tempo de amadurecimento, e acolhe com surpresa o fruto que brota; só lhe resta entregá-lo, deixá-lo cair. O *serviço* é o que nossa vida dá de si quando a vivemos em profundidade. Servir é doar-nos em abundância, porque o movimento do Amor provoca isso em nós, se o acolhermos. Então a vida se torna ampla e gentil, as coisas e os rostos ganham luz; e, quanto mais se oferece, mais transborda o coração e mais se recebe. As alegrias são maiores, e as dores também.

UM AMOR QUE "DEIXA SER"

Marta, dessa vez, deixa sua irmã fazer, deixa-a oferecer todo o afeto e o conhecimento que foi crescendo em seu interior; deixa-a se manifestar por meio de um enorme gesto de ternura,

> que irrompe quando a pessoa se descentra de si, sai em direção ao outro, sente o outro como outro, participa de sua existência e se deixa tocar pela história de sua vida [...]. A relação de ternura não implica angústia, porque não busca vantagens nem dominação. A ternura é a força própria do coração, é o desejo profundo de compartilhar caminhos. A angústia do outro é minha angústia, seu êxito é meu êxito, e sua salvação ou perdição é minha salvação e perdição, não somente minha, porém de todos os seres humanos[34].

---

34. *Ibid.*

Marta e Maria querem compartilhar caminhos com seu Senhor. Próximas de Lázaro em sua morte, próximas de Jesus na dele. Juntas, mostram uma energia e uma vida que não podem experimentar isoladamente.

Tanto tempo os discípulos passaram com Jesus, e ninguém tinha feito com Ele o que aquelas mulheres fizeram. Ninguém havia se manifestado com gestos de tanto amor. Somente elas estão totalmente presentes na sua realidade. Entram em uma intimidade crescente, na qual há leveza e profundidade, suavidade e contato. As mãos de Maria acariciando os pés de Jesus, e seus cabelos enxugando-os vagarosamente. E Ele deixando-se estar. Um gesto que Judas julgou e que Pedro custou a aceitar.

O protesto e a queixa de Judas, criticando a falta de eficácia e lógica, se tornam mais evidentes perante o gesto cheio de gratidão de Maria, doando-se e ungindo. Judas não soube deixar que o amor curasse sua ambição. Ambos representam dois modos de nos situarmos perante o mistério.

Judas não conseguiu atingir esse nível de comunicação. Critica a doação excessiva de Maria, e o acolhimento da parte de Jesus o incomoda. O que às vezes acontece conosco, que, em vez de desfrutarmos o dom, ficamos presos ao que os outros fazem ou deixam de fazer? Judas não se sente *em casa*; defende-se de Maria porque se sente ameaçado e quer conquistar Jesus sugerindo que o valor correspondente ao perfume poderia ter sido dado aos pobres. Ele não sabe como se aproximar de ambos para se enriquecer em sua diferença. Ele tem medo de perder, de *criar vínculos*, laços que mantêm duas pessoas unidas e as comprometem a se preocupar uma com a outra. Maria se conectou com Jesus em seu momento vital, e desse encontro sai amando mais, enquanto Judas não soube se abrir ao dom e sairá amando menos.

Ao defendê-la, Jesus ("Deixe-a": Jo 12,7) se coloca ainda mais em evidência: há um modo feminino de se aproximar de Jesus que corresponde ao *modo* que o próprio Jesus se aproxima de nós: por meio de um *contato apaixonado e compassivo*. Por que nos custa tanto *deixar o outro ser o que é*? Por que temos tanto interesse em que nossas irmãs de comunidade sejam como acreditamos que devam ser? E que os nossos filhos sejam como gostaríamos que fossem? O que necessitamos para deixar cada pessoa ser na sua totalidade, para não ver a outra ou o outro como uma ameaça, nem como um concorrente, nem como uma sombra, mas sim como uma pessoa semelhante a mim, com os mesmos medos, as mesmas necessidades e anseios, e de quem tenho algo a receber e a quem tenho algo a dar?

Sem a matriz da confiança, não podemos nos acolher em nossa vulnerabilidade. É preciso *dar-nos o espaço que necessitamos* para crescer sem temor, para chegar a nos reconciliar com o que gostaríamos de eliminar da nossa própria vida, para encontrar um terreno sólido a partir do qual sejamos reconstruídos.

Por amor, o outro está bem do jeito que é. Somente assim é possível atingir a parte mais profunda do outro, de maneira que ele possa se desenvolver. O entendimento de que "isso é o melhor para o outro" pode dominar, mas não ajuda em nada a relação. Se a outra pessoa é "boa" e você também for boa, está tudo bem.

A PORTA DO AGRADECIMENTO

Marta e Maria oferecem a Jesus o espaço que dispõem em suas vidas para que Ele possa encontrar seu lugar e orientar seu destino. Elas amam Jesus e se abrem ao seu segredo. Aprenderam intimamente a dar espaço a sua experiência. E é nessas relações de intimidade e de comunicação profunda que Ele encontra a estabilidade e o ânimo para poder entregar-se.

A qualidade do espaço que oferecem a Jesus o ajuda a dispor-se ao que vai viver, o ajudam a entregar-se. Têm com Ele uma atitude extremamente empática e de apreço incondicional. Estão presentes no momento que atravessa, e Ele lhes agradece, ainda que nada possam fazer para mudar isso.

Seguir Marta e Maria em seus encontros e em seus dinamismos de interação nos leva *a cruzar a porta do agradecimento*. Um agradecimento no qual elas encontram o equilíbrio entre o dar e o receber. Agradecer *é receber com alegria o que vier, e com amor*. Elas receberam muito de Jesus e lhe deram muito também. Felizes em dar e receber, em tecer intercâmbios compassivos, expressando reconhecimento mútuo. Ao agradecer, não só nos afirmamos naquilo que damos, como também naquilo que significamos uns para os outros. A felicidade em uma relação depende da medida que se recebe e que se dá. Um movimento reduzido somente traz resultados reduzidos. Quanto mais extenso for o intercâmbio, tanto mais profunda será a felicidade. Um grande movimento entre o dar e o receber vem acompanhado de uma sensação de alegria e plenitude (B. Hellinger).

Quando Maria estende a mão para tocar os pés de Jesus, ela está se enraizando na realidade, está deixando fluir, sem temor, a ternura que a habita, até que toque em silêncio o coração do outro, levando ali todo seu peso de aceitação e toda a doçura que o conforte e o alivie do cálice que o espera.

Depois de acompanhá-lo e de reconhecê-lo, inclinando-se perante seu mistério, ela se direcionará e seguirá seu caminho em paz. Há um ditado *zen* que diz: "Quando vem, lhe dou as boas-vindas; quando se vai, não corro atrás dele". Depois é necessário dar um passo adiante: *aprender a soltar* Jesus, a não se apropriar dele, a não o reter para que Ele possa continuar seu caminho com liberdade. Aprender a tocar as realidades feridas e necessitadas, e a deixar ir para que as pessoas possam seguir seus processos e seu caminho.

"A partir desse dia [os chefes dos sacerdotes, os fariseus e o sinédrio] resolveram matá-lo" (Jo 11,53). E é nessa realidade ameaçadora que se derrama o frasco precioso da compaixão, e Maria, Marta e Lázaro estarão ali para estender as mãos a todos aqueles *que tomam a decisão de cuidar e defender a vida*.

Doravante *serão recebidas como mulheres bem-aventuradas*, capazes de olhar amavelmente aos demais e de dar um lugar no coração para cada um; e também a Judas, beijando sua terra ainda escura. "Amar alguém – diz Jean Vanier – é bem diferente de admirá-lo. Quando admiramos as pessoas, as colocamos em um pedestal. Mas, quando nos relacionamos e descobrimos a pobreza da pessoa, entramos em uma relação de amor".

Marta e Maria expressam sua amizade e fazem com Jesus o que logo Ele fará com os seus discípulos no momento da despedida: serve-lhes à mesa e lava-lhes os pés. Jesus deixou as coisas serem feitas para que Ele pudesse fazê-las com os outros, e quis receber *gestos de mulheres* para fazer *memória de sua vida*. Jesus deixou que sua vida *refletisse* o que viu essas mulheres fazerem, algo do que elas fizeram com Ele. O que impressiona nesse relato é que elas não falam nem expressam todo seu amor, porém o fazem *mais com obras do que com palavras*.

Vamos a Betânia com Jesus, com Marta e com Maria, e deixemos que eles nos ensinem como *ser Eucaristia*, como receber e como dar, como acolher e como deixar ir, como agradecer, como servir a partir do coração.

Aprender com Marta e Maria
Olho as situações de minha vida (pessoal, familiar, institucional...) que mais me custam assumir:
– Poderia ser capaz de vivê-las como "bênçãos disfarçadas"? Como oportunidade de crescer no amor?
Jo 12,1-11: *"Marta servia a mesa"*
– Quem convido para o jantar, como nutro a vida dos demais?
–Permito-me tirar energias do afeto e da atenção amorosa que há em mim, para servir a partir do coração?
– O que me ajudaria a passar do *modo-de-ser-trabalho* para o *modo-de-ser-cuidado*?
– O que recebo das pessoas com as quais compartilho a vida, e o que dou?
"E a casa inteira ficou cheia do perfume" (Jo 12,3)
"Uma teologia da ternura sempre é curativa, com as palavras, com as mãos que também podem se chamar de carícias, beijos, refeição em comum" (H. Böll).

– Como manifesto minha ternura em minha comunidade, em minha família, com meus amigos...?
– Em que rostos concretos sou *agora* convidada a derramar o perfume de minha vida, a não retê-la, a entregá-la por inteiro?
– Por quem me deixo ungir?
Permaneço em silêncio aos pés de Jesus e daqueles que amo, e os vou ungindo amorosamente.
– Imagino uma gruta banhada em luz dentro do meu coração; à medida que entro, a luz invade meu corpo...
– Posso sentir como seus raios criam... ativam... esquentam... e curam.
– Sento-me em silenciosa adoração dentro da gruta, enquanto a luz penetra, e ali dou as boas-vindas a mim mesma e às pessoas que amo... e as que a vida trará.

6.2 As mulheres que olham a cruz de longe

Quando Irena caminhava pelas ruas do gueto, levava um bracelete com a estrela de Davi, como símbolo de solidariedade e para não chamar atenção sobre si mesma. Logo se colocou em contato com famílias às quais ofereceu levar seus filhos para fora do gueto. No entanto, não lhes podia garantir o êxito. A única certeza era que as crianças morreriam se permanecessem no gueto. Ao longo de um ano e meio, até a evacuação do gueto no verão de 1942, conseguiu resgatar mais de 2.500 crianças, por diversos caminhos: começou a retirá-las em ambulâncias como vítimas de tifo, mas logo se valeu de todo tipo de subterfúgios que servissem para escondê-las: sacos, cestos de lixo, caixas de ferramentas, cargas de mercadorias, sacos de batatas, ataúdes... Em suas mãos, qualquer elemento se transformava em uma rota de fuga.
Irena queria que um dia pudessem recuperar seus verdadeiros nomes, sua identidade, suas histórias pessoais e suas

famílias. Então idealizou um arquivo no qual registrava os nomes das crianças e suas novas identidades. Os nazistas tomaram conhecimento de suas atividades. No dia 20 de outubro de 1943, foi detida pela Gestapo e levada à prisão de Pawiak, onde foi brutalmente torturada e sentenciada à morte. Enquanto aguardava a sua execução, um soldado alemão a levou para um "interrogatório adicional". Ao sair, ele lhe gritou em polonês: "Corra!" No dia seguinte, encontrou seu nome na lista dos poloneses executados. Irena Sendler faleceu em Varsóvia, no dia 12 de maio de 2008, aos 98 anos de idade. Morreu com um grande sorriso em seu coração e em seu rosto[35].

Marcos 15,40: "Estavam ali algumas mulheres, olhando de longe"

Desviar o olhar ou sustentá-lo: essa é a dinâmica do caminho para nós. Os Evangelhos nos dizem que as mulheres olhavam, que somente elas voltaram seus olhos a essa entrega sem limites de Jesus. Estavam ali para Ele: "E também estavam ali algumas mulheres, olhando de longe. Entre elas, Maria de Magdala, Maria, mãe de Tiago, o Menor, e de Joset, e Salomé. Elas o seguiam e serviam enquanto esteve na Galileia. E ainda muitas outras que subiram com ele para Jerusalém" (Mc 15,40-41).

É na *escola dos desfigurados* em que as mulheres nos convocam a nos deixar educar a visão. É a seus pés e ao seu lado onde somos instruídas e onde amadurecemos silenciosamente. Havia algo para *ver* na cruz de Jesus. Os da hierarquia e aqueles que zombavam queriam ver um milagre; o centurião percebe com clareza; as mulheres olham de longe e, mediante seu seguimento da cruz, se converterão em autênticas discípulas.

Um amor desarmado

Jesus na cruz não se justifica nem protege a si mesmo. Não se defende, porque já entregou tudo, e se entrega porque experimenta

---

[35]. Disponível em: http://www.wikiblog.com.ar/.../irena-sendler-ejemplo-de-vida.html. Acesso em: jul. 2024.

seu ser como um dom recebido, não como uma possessão. Por isso, Jesus pode morrer dizendo: "Pai, perdoa-lhes: não sabem o que fazem" (Lc 23,34). O único julgamento que Jesus faz da cruz é o perdão. A partir dali, Ele entrega o dom gratuito, sem medida. A morte de alguém que morre não pensando em si mesmo, mas sim em quem o está exterminando, fez com que o centurião, que havia visto morrer muitos condenados, exclamasse: "Verdadeiramente este homem era filho de Deus!" (Mc 15,39), porque amou e sente a tristeza de ver como o agressor destrói a si mesmo. Estêvão, ao morrer, orava: "Senhor, não lhes leves em conta este pecado" (At 7,60). Um sacerdote chileno, no tempo de Pinochet, disse antes de morrer ao rapaz que o executaria: "Tire as vendas dos meus olhos, quero poder olhar nos seus olhos e lhe dar o perdão".

> Mulheres e homens assim são canais do Ser, sem reter nada para si mesmos. A partir do esvaziamento, a partir do Ser, tornam-se incapazes de fazer mal a alguém; isso é a pureza de coração. Não carregar nada que se tenha de defender. As pessoas que não precisam se defender se convertem em seres silenciosos [...]. Seguir a Jesus nos leva progressivamente ao despojamento de toda forma de poder. Ao compartilhar a qualidade de Jesus, seu ser não ocupa espaço nem invade; pelo contrário, converte-se em possibilidade aos demais (J. Melloni).

Atenágoras, patriarca de Constantinopla, escreveu:

> Há que se travar a guerra mais dura contra si mesmo. Há que se chegar a desarmar-se. Eu enfrentei esta guerra durante muitos anos. Foi terrível. Porém, agora, estou desarmado. Já não tenho medo de nada, uma vez que o amor destrói o temor. Não estou em guarda nem ciosamente tenso por conta das minhas riquezas. Acolho e compartilho. Não me apego às minhas ideias nem aos meus projetos. Se me oferecem outros melhores, ou nem mesmo melhores, os aceito sem pesar. Estou desarmado de vontade de ter razão. Renunciei a fazer comparações. Por isso já não tenho medo. Quando já não se tem nada, não se tem temor. Se nos desarmamos, se nos despojamos, se nos abrimos, chegamos a Deus.

Recordo-me de uma mulher chilena muito pobre, de Copiapó, que, rezando o Pai-Nosso, sem se dar conta, fez um pedido maravilhoso: "Perdoe nossas defesas". Perdoa nossas resistências para acolher esse amor. Necessitamos de fé para receber esse amor do Crucificado, para deixar que a sua corrente derrube as nossas falsas imagens de Deus e de nós mesmas.

SEU LADO FERIDO E ABERTO

Quais são os maiores *temores* que surgem das nossas feridas? O temor de não sermos amadas, de sermos abandonadas, de sermos rejeitadas, de sermos julgadas? O temor de não sermos reconhecidas, de sermos criticadas, de fracassarmos, de ficarmos sem amigos, de ficarmos sem atribuições, de ficarmos vazias?

São medos que nos roubam a liberdade que Ele nos deu. Jesus viveu todos eles na cruz para que possamos atravessá-los com Ele, e nos diz perante nossos temores: "Olhe para mim, venha até mim! O que não é querido, que é rejeitado, o abandonado pelos homens, o desprezado, o que se esvaziou para preenchê-los, o que se deixou despir para vesti-los, para resgatá-los de seus temores mais profundos".

Ir ao único que pode nos amar até as entranhas, o que não nos vai abandonar, o que vai fecundar nossa vida independentemente de êxito ou de fracasso. O único que pode abranger nosso vazio, pois este está feito à medida de seu Coração.

Passou por tudo o que pode passar um ser humano, e na cruz está desfigurado de tal maneira que, por mais terrível que seja o sofrimento de um ser humano e por mais que tenha desumanizado sua vida, pode olhar o rosto de Jesus e se ver refletido nele; pode olhar-se nesse Rosto e se reconhecer amado. Suas feridas nos curam, suas feridas convertem e transformam as nossas, não em lugares de murmúrio e de desgraça, mas sim em um espaço pelo qual pode movimentar sua vida.

"O lado aberto fez seu Coração acessível a todos, não como uma praça ou uma pensão, ou seja, não sem dor ou dificuldade. Está aberto por uma ferida, com *entrada livre*, aberta, sem defesas, com uma incrível vulnerabilidade; sempre e em todos os lugares" (H. McLaughlin). Como um colo no qual nos acolhe a todos. "Vinde a mim – nos diz sem palavras a partir da cruz – todos os cansados e abatidos, eu vos darei descanso".

COM MARIA... PARA QUE SEJAM UM[36]

Diz Jean Vanier que a grande mensagem de Jesus ao longo de todo o Evangelho, e colocada em evidência na cruz, está escondida nestas duas palavras: *compaixão* e *perdão*. A compaixão é se inclinar até aquele que é mais frágil, para lhe dar o coração, lhe dar nossa amizade. "A compaixão está onde um se inclina perante o outro para fazer algo, e está onde eu lhe dou meu coração e estou aí com você. E assim é Maria aos pés da cruz."

Nessa grande vulnerabilidade de Jesus, a presença de Maria é algo muito poderoso. Ela torna presente a humanidade e diz a Jesus: "Eu estou contigo". Não pode fazer nada, somente dizer a Jesus: "Te amo, estou aqui para ti". Ela é consciente de que essa é *a hora* de Jesus. Ela sabe quem é Jesus e sabe o que significa para a humanidade que diz "não", que recusa esse amor... E ela lhe diz: "Estou contigo".

Em suas últimas palavras, Jesus olha para Maria e diz: "'Mulher, eis teu filho!'. Depois disse ao discípulo: 'Eis tua mãe!'" (Jo 19,26-27). E o Evangelho diz que então gritou: "Tenho sede!" (v. 28). Na linguagem bíblica, "tenho sede" significa: "Estou angustiado". E é nesse momento que Jesus entrega João a Maria e Maria a João. Jesus exorta Maria a não ficar fechada na tristeza, mas sim a oferecer seu amor a João, que agora precisa dela e de quem também ela precisa. A incentiva a buscar novas possibilidades de expressar seu amor e suas capacidades.

Em alguma parte, Ele está falando a Maria: "Não olhe para mim, olhe para João". Porque agora se trata de gerar Jesus em João, e depois diz: "Está consumado!" (Jo 19,30). O último gesto de Jesus é

---

36. Este trecho foi tirado de Vanier, *op. cit.*

nos conectar, nos unir uns aos outros. Seu grande desejo é a união. Trabalhar para a unidade por meio da compaixão, quando nos inclinamos até aquele que está mais abatido. Tornar menor a distância entre o rico e o pobre, entre o poderoso e o fraco. Trabalhar pela união a partir do perdão, fazer cair os muros que separam as pessoas umas das outras.

O perdão é uma das atitudes mais profundas à qual Jesus convoca seus discípulos.

O perdão não é somente: "Você me feriu, e isso acabou". O perdão é aproximar-se do outro como uma pessoa. É alcançá-lo no mais belo que ele tem: sua capacidade de acolher a Deus. O perdão é a reparação daquele que foi machucado. Não é somente um movimento que diz: "Acabou". É um desejo de comunhão e de se aproximar do outro (J. Vanier).

Descobrir a mulher de compaixão e de perdão que é Maria, seu modo de estar presente, nos ajuda e nos orienta. Maria é a porta através da qual entrou Jesus no mundo; e ela está ali novamente, como a porta através da qual Jesus adentra em Deus. Maria é a mãe da transformação no nascimento e na morte, que são as duas grandes transformações do ser humano. No nascimento, um projeto de Deus que se faz carne; na morte, o ser humano é recolhido em Deus e se faz um com Deus.

Em certas representações da paixão de Cristo, aparece a dimensão do sofrimento, mas não a dimensão do amor que transforma essa dor. Não é o sofrimento de Cristo que nos salva, mas sim o amor com o qual Ele transformará esse sofrimento!

Vamos contemplar Jesus na cruz, junto daquelas mulheres que o olham com amor. Peço a graça de poder me colocar aos pés da cruz junto a Maria, com aqueles aos quais Jesus quer me unir, quer me entregar. Olhar para a cruz e ver aquele que *confia* em Deus quando tudo parece clamar sua ausência.

Contemplar o Crucificado junto a outras mulheres

Suplico coragem e força para perseverar junto aos crucificados.

Peço ao Pai por intermédio de Maria: "Dor com Cristo doloroso; angústia com Cristo angustiado; lágrimas, pena interna de tanto sofrimento que Cristo passou por mim" (EE 203).

"E também estavam ali algumas mulheres, olhando de longe. Entre elas, Maria de Magdala, Maria, mãe de Tiago, o Menor, e de Joset, e Salomé. Elas o seguiam e serviam enquanto esteve na Galileia. E ainda muitas outras que subiram com ele para Jerusalém" (Mc 15,40-41).

"Perto da cruz de Jesus, permaneciam de pé sua mãe, a irmã de sua mãe, Maria, mulher de Clopas, e Maria Madalena" (Jo 19,25).

Is 52,13–53,12: Ajoelhadas aos pés da cruz e das cruzes atuais de nosso mundo, com aqueles rostos por onde continua a paixão de Jesus, colocamo-nos junto aos que hoje estão abatidos, que estão desprezados, violentados, junto aos "não amados"... Entramos em seu Lado Aberto com nossas próprias feridas, de mãos dadas com todos os cansados e abatidos.

Com Maria, peça a graça de adentrar na gratuidade de Seu amor na cruz.

Contemplá-lo nesse amor desarmado, despojado de todo poder, totalmente entregue.

– Sobre o que lhe fala a cruz de Jesus, que lhe diz o Senhor pessoalmente?

– *Ef 3,14-21:* Deixe-se *marcar* por esse amor do Crucificado, e que a vulnerabilidade e a potência dele sejam impressas em seu coração.

Jo 19,37: "Olharão para aquele que traspassaram"
Jesus assume a dor humana: Ele a olha, a acolhe, a faz sua, a padece e a transforma em fonte de vida. Seu coração traspassado, símbolo radical da violação e da dor extrema, se converte em manancial para a vida.

– Como Jesus enfrenta o sofrimento e a fraqueza?

– Como eu vivo minha fraqueza? A fraqueza de minhas irmãs? De minha família? As fraquezas da Igreja?
O último gesto de Jesus no Evangelho de João é unir Maria a João, e a cada ser humano, com outros. Criar comunhão. O grande desejo de Jesus é a unidade.

"Pai, eu lhes dei a glória que me deste para que sejam um, como nós somos um:
eu neles e tu em mim, para que sejam perfeitos na unidade" (Jo 17,22-23).

– Como Jesus constrói a unidade? E eu, como gero comunhão?
Através do Amor, a pedra dura se torna macia.
Através do Amor, os vampiros se convertem em anjos.
Através do Amor, a enfermidade se converte em saúde.
Através do Amor, a ira se converte em misericórdia (Rumi).

Em silêncio junto ao Crucificado, faça memória dos momentos distintos da vida dele. Seu modo de bendizer, de curar, de educar, de passar fazendo o bem...

Peça para que possa uni-la e conformá-la ali com Ele, nesse gesto de amor sem medida.

E escuta:

– "Se o grão de trigo que cai na terra não morrer, permanecerá só" (Jo 12,24).

– "Ninguém a tira de mim [a vida], eu a dou livremente" (Jo 10,18).

– "Ninguém tem maior amor do que aquele que dá a vida por seus amigos" (Jo 15,13).

– "Pai, perdoa-lhes..." (Lc 23,34).

– "Em tuas mãos entrego o meu espírito" (Lc 23,46).

– "Nada poderá nos separar do amor de Deus" (Rm 8,39).

   Peça a Jesus que te dê
   seus braços para te sustentar,
   seus ombros para te levar neles,
   sua cruz para te apoiar,
   seu coração para descansar nele (Rosa Filipina Duchesne, RSCJ).

7
BENDITAS

7.1 Maria Madalena e seus novos olhos

Chegou em uma manhã de verão e entrou pela mesma porta por onde o sol costuma adentrar pela casa. Entrou assim, sem permissão; foi só abrir a porta e, como se nada tivesse acontecido, encheu de luz os meus rincões; foi necessário, então, que eu corresse para refrescar as mãos e limpar os beijos de antes, foi necessário renovar os contos e os sonhos; é que você entrou como quem entra de fato na vida, de repente.

Chegou pequena, com os olhos cheios de palavras e as mãos fechadas, como quem não quer deixar escapar o silêncio; chegou pela manhã bem cedinho, como quem me obriga a amanhecer, como quem desperta os mesmos olhares de tantos anos atrás, fazendo-os novos, como quem encontra que a esta casa, do mesmo modo que à vida e à esperança, falta o sol... Ficou então nas paredes, nos degraus, você se esgueirou por trás e por cima dos móveis, atrás e por cima das madrugadas; você se apegou a cada um dos livros e me contou as histórias uma por uma; você chegou bem cedo naquela manhã de um fevereiro qualquer. Sorrindo de medo, o agarrou pelo pescoço e o apertou com força contra o peito, e então o homem indefeso fugiu de casa e de repente nos deixou abertas ao sol[37].

João 20,11-18: "Maria"

Entramos na quarta semana com Maria Madalena, a primeira "discernidora" da ação do Senhor Ressuscitado. A Ressurreição vai

---

37. BARR, S. C. *Rotundamente negra*. San José de Costa Rica: Perro Azul, 2006.

acontecer no silêncio da noite e sem testemunhas, como que querendo nos dizer que é esse o modo de agir de Deus. De madrugada, ao raiar do dia, bem cedinho, ao nascer do sol. Não em uma luz muito intensa capaz de nos cegar e impressionar, mas em uma luz suave e discreta que se inicia.

A relação com o Senhor se estabelece em níveis de amizade, que consola pela aproximação de um amigo, e aumenta, assim, a esperança. A ressurreição, a alegria do Senhor, é também "por mim". "Pedir a graça para me alegrar e gozar intensamente por tanta glória e gozo de Cristo, nosso Senhor" (EE 221).

UMA PRESENÇA QUE DÁ VIDA

O Ressuscitado se apresenta como uma presença geradora de vida: deixa-se ver, sai ao encontro, fala, interpela, corrige, anima, comunica paz, segurança, alegria, confirmação. Seu modo de se fazer presente é pessoal, identificando-se, de nome em nome, suscitando as boas lembranças e as experiências corriqueiras. Seus encontros são fugazes. Busca apenas tocar o coração, dando um sopro de vida que lhe permita reagir, sacudir a tristeza e devolver as pessoas à vida. Chama a atenção uma constante nos relatos que narram o encontro com o Senhor Ressuscitado. Encontramos uma *estrutura básica comum*[38]:

• Uma situação humana de *tristeza, de medo, de incredulidade*. Madalena chora (Jo 20,11); os discípulos de Emaús, desanimados, se afastam da comunidade (Lc 24,15); os discípulos estão cheios de medo (Jo 20,19); Tomé não crê (Jo 20,25b).

• Jesus aparece, mas *não é reconhecido*; interpela as pessoas que não o reconhecem mediante uma *pergunta*: "Por que choras? A quem procuras?" (Jo 20,15). "Que palavras são essas que trocais enquanto ides caminhando?" (Lc 24,17). "Acaso tendes algum peixe?" (Jo 21,5).

---

38. Tomo este aparte da *estrutura comum* dos Exercícios Espirituais de T. Mifsud, SJ, ministrados em Copiapó, Chile, em abril de 2000.

- Jesus revela sua identidade com algum *sinal*: Madalena o reconhece quando Ele a chama pelo nome (Jo 20,16); os discípulos de Emaús, ao partir o pão (Lc 24,31); os discípulos fechados, quando lhes mostrou as mãos e o lado (Jo 20,20); os discípulos nas margens do lago, recolhendo a rede cheia de peixes (Jo 21,6)...
- Jesus ordena uma *missão*. A experiência do encontro com o Ressuscitado não se limita a ser uma consolação para a pessoa. Jesus sempre nos dá uma missão: anunciar e compartilhar a alegria. Ele diz a Maria: "Vai, porém, a meus irmãos e dize-lhes..." (Jo 20,17); os discípulos de Emaús voltam para a comunidade (Lc 24,33); aos que estavam fechados: "Eu vos envio" (Jo 20,21); a Pedro, às margens do Tiberíades: "Apascenta as minhas ovelhas" (Jo 21,15-17).

ESCUTAR NOSSO NOME

Na manhã de Páscoa, há uma mulher que nos surpreende. A dor por aquele que ela ama a move. Ela não se resigna à ausência ou à ideia da morte. Ela se levanta à noite para procurar. Ela é uma mulher de Magdala, um lugar às margens do lago de Tiberíades, onde as tropas romanas estavam assentadas.

Maria Madalena é uma boa companheira quando passamos por circunstâncias de uma *vida sepultada*, quando não sabemos o que fazer diante da dor alheia, quando estamos perto de pessoas que vivem realidades de desesperança, onde parece não haver uma saída, com *pedras* que se estão acumulando e paralisando nossa vida; quando já estamos tentadas a dizer: "Não há nada a fazer, as coisas não vão mudar".

A pedra foi removida, e ela olha para dentro do túmulo... e Jesus não está lá. Ela volta correndo para a cidade para contar aos outros. É a primeira corrida de Maria: "Retiraram o Senhor do sepulcro e não sabemos onde o colocaram" (Jo 20,2). Os dois homens, Pedro e João, depois de verem isso, se vão e deixam Maria chorando ali, de pé junto ao sepulcro. O verbo grego que aparece é *histemi*, que significa também resistir, permanecer, ficar firme. Maria volta a olhar uma vez mais para dentro da tumba e vê dois anjos, mas seus olhos estão presos na dor e na tristeza.

E ali Jesus lhe diz: "Mulher, por que choras? A quem procuras?" Ela, acreditando que fosse o jardineiro, lhe diz: "Senhor, se foste tu que o levaste, dize-me onde o puseste e eu o irei buscar!", e Jesus diz: "Maria" (Jo 20,14-16).

Jesus se aproximou de Maria Madalena e se pôs em contato com os seus afetos, que haviam sido radicalmente vulnerabilizados pela perda. "A conhecia pessoalmente; por isso pôde chamá-la pelo nome, tomar a sua história e suas raízes, tocar seus desejos e suas buscas e impulsioná-la a superar a sua aflição, criando as próprias possibilidades. Agora ela podia ver e reconhecer a vida que estava buscando" (Georgina Zubiría).

Só quando ela escuta o próprio nome da boca de Jesus – "Maria" – é que entra em si mesma e pode se reconhecer e o reconhecer. Ao chamá-la pelo nome, Jesus assinala o caminho para si mesma e a tira de sua tristeza. É amada na totalidade da sua vida, tudo é acolhido nesse amor, tudo encontra o seu lugar. Maria se volta e seu olhar agora está livre do que acreditava saber sobre Ele. Reconhece Jesus vivo, experimenta a alegria de saber que Ele a ama de maneira irrepetível e que nada poderá ocupar esse lugar em seu coração.

Quando descobrimos nossa própria verdade, quando nos sentimos chamadas pelo nosso próprio nome, quando nos sentimos aceitas na mulher que cada uma de nós é, então acontece o reconhecimento de quem somos e de quem Ele é para nós. Ela o chama de *Rabbuni* (Mestre), Aquele que a havia ensinado a viver. Escutá-lo pronunciar o nosso nome, para descobrir na sinceridade do nosso coração o caminho pessoal que ninguém pode percorrer por nós.

> O encontro com Jesus foi para ela o ponto de inflexão em que a sua vida começou a lhe pertencer pela primeira vez, em que ela pôde reencontrar a si mesma. Para ela foi o ponto de partida do qual surgiu a ordem na sua vida, onde alcançou firmeza e segurança, onde se fechou o abismo que

se abria sob os seus pés, encontrando nele algo como uma âncora para a sua existência... Se pudermos dizer de Maria, a mãe de Jesus, que ela só viveu para Ele, de Maria Madalena teríamos que dizer que ela só viveu por Ele... O que ela podia ser só o foi por Jesus. Em relação aos outros se diz que deixaram tudo para se juntar a Jesus. Maria não tinha nada para deixar, só a ganhar. Ela não o seguiu como os outros; ela só sabia que Ele era o único lugar no mundo onde ela poderia viver e onde poderia se abandonar à vida (J. E. Drewermann).

"VAI, PORÉM, A MEUS IRMÃOS"

Maria Madalena está tão emocionada que se põe aos seus pés para abraçá-lo, deseja detê-lo, não quer deixá-lo ir. "Jesus lhe diz: 'Não me retenhas [não me abraces!]. Vai, porém, a meus irmãos e dize-lhes: Subo a meu Pai e vosso pai; a meu Deus e vosso Deus'" (Jo 20,17). Jesus não quer que Maria o detenha; ela agora tem uma missão: ir aos irmãos, manifestar a força desse amor que ela experimentou. Não é um amor que amarra, mas, sim, um amor que liberta. Um amor que respeita o mistério do outro. No outro sempre há algo que só pertence a Deus.

Jesus, no momento da ressurreição, não se manifesta publicamente sobre o templo, mostrando finalmente que foi Ele quem ganhou; nem sequer procura humilhar aqueles que o haviam humilhado. Somente busca estabelecer contatos pessoais:

> A ressurreição de Jesus é algo assombroso, mas também algo despojado, como tudo o que Ele faz. Jesus se manifesta a algumas pessoas que serão totalmente transformadas em seu interior. Seus corações, que estavam cheios de tristeza pela perda, descobrem quem são... e quem é Jesus... Jesus se vale do encontro pessoal para expandir a comunhão (J. Vanier).

É significativa a transformação do olhar de Maria Madalena na tarde do sábado e na manhã da ressurreição. Ela passa da opacidade à transparência. Porque sustentou seu olhar diante do Crucificado, pode agora receber uma nova luz do Ressuscitado. A realidade é a mesma, mas ela a vê distinta, como outra luz: "A luz que inunda o mundo e nos beija os olhos e o coração" (R. Tagore).

O encontro com Jesus devolve Maria para a comunidade não só como filha muito amada, mas também como irmã de todos. Voltava com olhos e ouvidos novos, e mãos também novas. Fora banhada, por alguns momentos, na Luz. Na primeira corrida, do sepulcro até a comunidade, Maria vai dar uma informação; agora empreende uma segunda corrida: voltava, mas levava consigo toda a sua vida transformada. E essa é a *boa nova* que ela anuncia, o gozo que nada nem ninguém poderá lhe tirar. O Evangelho não relata, mas é certo que Maria choraria também no final, agora não mais lágrimas de dor, mas lágrimas de agradecimento, daquelas que curam, daquelas que sabem que a vida passa pelo sofrimento, mas que é, por causa do amor, mais forte que a morte.

Vamos também, com Maria Madalena, nos deixar reencontrar, submersas em sua Luz; pedir que ela nos revele as nossas *palavras de vida*, aquelas palavras com as quais nos tem encorajado, erguido, colocado de pé, lançado em direção aos irmãos.

Benditas por sua ressurreição

"Maria estava junto ao sepulcro, de fora, chorando" (Jo 20,11).
"Agrada-me o verbo 'resistir'. Resistir ao que nos aprisiona, aos prejuízos, aos prejulgamentos, à vontade de condenar, a tudo o que é mau em nós e que só quer se expressar, à vontade de abandonar, à necessidade de se queixar, de falar de si mesmo em detrimento do outro, aos modismos, às ambições nada saudáveis, à desordem ambiental. Resistir... e sorrir" (Emma Dancourt).

Jo 20,1-18: Maria de Magdala e seus olhos novos
"Senhor, dá-me a graça de alegrar-me em tua Alegria, de acolher em mim a força de tua vida ressuscitada".
– Veja, com Maria Madalena, aquilo que lhe faz chorar, aquilo que você acredita ter perdido, e escute como o Senhor pronuncia o seu nome. O nome que só Ele conhece em você (Is 43,1-4).

– Deixe vir toda a sua história nesse nome, à Luz e na Alegria do Ressuscitado, e receba sua vida renovada, acolhida como memória de dor e de amor, atravessada pelo dinamismo da Páscoa. Sinta como cada acontecimento, cada rosto, se ordena, se põe em seu devido lugar. Tudo o que foi vivido a trouxe até Jesus, tudo o que a levou ao encontro com Ele se transformou em memória agradecida. Diga também a Ele, assim como Maria, quem é Ele para você. Experimente nesse encontro com Jesus o que significa a aceitação do amor, o poder de tornar a sua vida completa.

– Peça a Ele que lhe revele suas "palavras de vida": aquelas palavras que são dele e que têm conduzido a sua verdade e a sua vida mais profunda.

– O Ressuscitado *a convida a deixar ir*, a não reter: o que preciso soltar neste momento da minha vida para poder ir aos outros com novo olhar e novas mãos?

– Deixe vir a luz do Ressuscitado em sua vida presente, deixe que Ele lhe eduque o olhar para poder acolher o novo, para descobrir suas possibilidades inéditas... para você também poder *voltar com olhos novos* à própria realidade. Você é uma mulher com a missão de manifestar o amor que descobriu e experimentou em si mesma.

"Às vezes temos o poder de dizer 'sim' à vida e a nós mesmos. Então ficamos cheios de paz e nos sentimos completos" (R. W. Emerson).

7.2 Relançar as redes da vida com outras pessoas

Noite de 1973, em Montevidéu, 9º quartel de Cavalaria: maldita noite! Ronco de motores dos caminhões, rajadas de metralhadoras, prisioneiros no chão, de bruços, com as mãos atrás da cabeça, um rifle enfiado nas costas, gritos, pontapés, coronhadas, ameaças...
Na manhã seguinte, um dos presos, que não havia perdido a noção do tempo, se lembrou:

– Hoje é Domingo de Páscoa. Estava proibida a aglomeração. Mas assim foi feito. Se juntaram no meio do barranco. Ajudaram os que não eram cristãos. Alguns deles vigiavam os portões trancados e seguiam os passos dos soldados que estavam de guarda.

Outros formaram um círculo de pessoas que iam e vinham andando, como que descuidadamente, ao redor dos celebrantes. Miguel Brun sussurrou algumas palavras. Evocou o nascimento de Jesus, que anunciava a redenção dos cativos. Jesus seria perseguido, preso, torturado e morto, mas em um domingo como aquele havia feito tremer os muros até que caíssem, para que toda prisão tivesse a sua liberdade e toda solidão tivesse o seu fim.

Os prisioneiros não tinham nada. Não tinham pão, nem vinho, nem copos. Foi uma comunhão de mãos vazias. Miguel se ofereceu àquele que havia se oferecido:

– Vamos comer – sussurrou. – Este é o seu corpo.

E os cristãos levaram as mãos à boca e comeram o pão invisível.

– Vamos beber. Este é o seu sangue.

E eles levantaram o copo invisível e beberam do vinho invisível[39].

João 21,1-17: "Viram brasas acesas, tendo por cima peixe e pão"

A reconciliação e a comida compartilhada, a paz e o alimento são recorrentes nos encontros com o Ressuscitado. Todos os aspectos da vida se transformam por meio da ressurreição. A ressurreição é a plenitude do amor (Maria Madalena), da fé (Tomé), e é também a transformação da nossa vida diária. Isso se expressa na cena da pesca, no encontro à beira do lago, no lugar do trabalho cotidiano da comunidade.

"Depois disso, Jesus manifestou-se novamente aos discípulos, às margens do mar de Tiberíades." E o narrador vai nomeando cada um deles, destacando as suas originalidades e particularidades. "Es-

---

39. GALEANO, E. *Bocas del tiempo*. Buenos Aires: Siglo XXI, 2010 [trad. bras. GALEANO, E. *Bocas do tempo*. Porto Alegre: L&PM, 2010].

tavam juntos Simão Pedro e Tomé, chamado Dídimo, Natanael, que era de Caná da Galileia, os filhos de Zebedeu e dois outros de seus discípulos" (Jo 21,2). Os que saíram para pescar foram sete discípulos, que representavam a comunidade. O v. 3 diz: "Saíram e subiram ao barco e, naquela noite, nada apanharam". O grupo não obteve êxito. Já não acreditam que faça sentido permanecer juntos. No seu trabalho diário tudo foi em vão, nada saiu como esperado, e eles estão frustrados. Nas noites em que não pescamos nada, que são muitas, cansativas, lançando as redes sem esperança, porque o que já sabemos sobre nós e sobre os outros nos afeta, o que acreditamos quase sempre acaba por acontecer... E é precisamente ali, nessas noites do mundo e de nossa vida, que Ele chega quando menos o esperamos: "Já amanhecera. Jesus estava de pé, na praia, mas os discípulos não sabiam que era Jesus" (vv. 4-6).

"ACASO TENDES ALGUM PEIXE?"

Jesus se aproxima perguntando, não impondo; oferecendo, sugerindo. Aproxima-se como um pobre, vem sem avisar para nos dizer que tem fome de nossas vidas: "Jovens, acaso tendes algum peixe?" Ele se dirige aos seus discípulos, amorosamente, como a amigos. Jesus lhes pergunta pelo sustento, pelo que nutre a vida, o que lhe dá sabor. Jesus pergunta se eles pescaram algum peixe, se a vida lhes tem presenteado com algo. E eles têm que reconhecer que não possuem nada, que suas mãos estão vazias. Como Ele, sendo o Doador, nos pede algo? É sua maneira de se fazer presente, fazendo-nos valiosas para Ele, pedindo a nós.

"Disse-lhes: 'Lançai a rede à direita do barco e achareis'. Lançaram, então, e já não tinham força para puxá-la, por causa da quantidade de peixes" (v. 6). Jesus os convida a lançar a rede pelo lado direito, sem pedir nada especial; a fazer o que normalmente fazem, lançar as redes, mas pelo lado direito, confiando na sua palavra. É preciso que sua palavra penetre em nossas ações cotidianas para que a vida nos descubra em sua fecundidade.

"Lançai a rede à direita do barco." Pelo lado direito do templo brotava a água que tudo limpava e curava:

> "A água escorria de sob o lado direito do templo [...]. Resultará daí que em todo lugar por onde passar a torrente, os seres vivos que o povoam terão vida. Haverá abundância de peixe, já que, onde quer que esta água chegue, ela levará salubridade, de modo que haverá vida em todo lugar que a torrente atingir. À sua margem existirão pescadores [...] para estender as redes. Os peixes serão da mesma espécie que os do Grande mar e muito abundantes (Ez 47,1-10).

A iconografia cristã situa a ferida lateral de Jesus no seu lado direito (Jo 19,34), como a Porta, a Fonte por onde emana essa corrente de amor incondicional... As redes devem ser lançadas por aí.

Quem se deixou amar mais, o descobre primeiro: "É o Senhor!" (v. 7). O amor o reconhece em meio aos fatos do cotidiano, em meio aos trabalhos. O Ressuscitado está presente, mas é necessário ter o olhar do amor para perceber sua presença.

"Quando saltaram em terra, viram brasas acesas, tendo por cima peixe e pão. Jesus lhes disse: 'Trazei alguns dos peixes que apanhastes' [...]. 'Vinde comer!'" (vv. 9.12). Um amigo que lhes prepara o almoço e os convida. A ressurreição não acontece nas coisas extraordinárias, mas nas coisas cotidianas e simples, no alimento preparado no fogo; remove-se o véu, e os discípulos entram em contato com a realidade. Já não necessitam perguntar quem é Ele. Antes de lançá-los na missão, reconstrói a comunidade. Ele não se preocupa com o talento nem com as habilidades, só com o amor. Depois nos fará também aquela pergunta que realmente lhe interessa: "Tu me amas mais do que estes?" (v. 15).

A PERGUNTA POR AMOR

"Simão, filho de João" (vv. 15.16.17). Por que o chama assim, e não de "Pedro"? Ele parte de suas raízes, de seu sistema familiar e de sua história para integrar toda a sua pessoa, para não deixar nada de fora. Jesus, conhecedor das limitações e das possibilidades humanas, três vezes perguntou ao seu coração: "Me amas?", para curar as suas feridas, para colocar misericórdia e gozo no espaço onde havia crescido a culpa. "Tu me amas?", pergunta a cada uma de nós. Emocionemo-nos diante desse Jesus tão humano!

É estranho que Jesus faça a Pedro esse tipo de comparação: "Tu me amas mais do que a estes?" (v. 15). O que sabe Pedro sobre como e quanto João ou os demais amam a Jesus? A pergunta nos evoca a parábola que Jesus contou a Simão, um fariseu que o convidou para comer com ele. Enquanto estão à mesa, uma mulher, pecadora pública, se apresenta inesperadamente com um frasco de perfume e unge os pés de Jesus (Lc 7,36-50). Simão se queixa, e Jesus lhe conta uma história: "'Um credor tinha dois devedores; um lhe devia quinhentos denários e o outro, cinquenta. Como não tivessem com que pagar, perdoou a ambos. Qual dos dois o amará mais?' Simão respondeu: 'Suponho que aquele ao qual mais perdoou'. Jesus lhe disse: 'Julgaste bem'".

E dirá da mulher que o unge: "'Por essa razão, eu te digo, seus numerosos pecados lhe são perdoados, porque ela demonstrou muito amor'. Mas aquele a quem pouco foi perdoado mostra pouco amor" (Lc 7,47). Na realidade, Jesus está dizendo a Pedro que: deixe-se amar profundamente, perdoe-se, pois isso o capacitará a amar mais.

Deixe-se amar para que possa, como o Único Bom Pastor, amar as pessoas menos amadas, fortalecer as frágeis, curar as enfermas, colocar curativos nas feridas, recolher as ovelhas perdidas; não deixar que se percam sem tentar resgatá-las, cuidar delas, para que não sejam presas fáceis de feras selvagens, nem vaguem sem rumo e sem sentido (Ez 34,11-23). É o Senhor mesmo quem segue o rastro de suas ovelhas para libertá-las, e Ele diz a Pedro... e a nós: "Seja para elas do mesmo modo como tenho sido para ti. Ame-as com o amor de mãe, que é um amor que nos consome". Pedro pode amar mais a partir de agora, porque se perdoou mais. Em sua fragilidade, em sua debilidade, não na força do ego, mas onde Jesus o confia aos seus, onde se revelam as possibilidades ilimitadas do amor.

"Tu sabes tudo, Senhor, tu sabes quão pobre e apaixonadamente queremos te amar. A quem iremos?" Pedro fala do amor *philía*: ama-o com um amor de amigo; Jesus o inquire pelo amor ágape, o amor que está livre do ego, de toda intenção de se apossar dos demais.

Jesus nos pergunta sobre o amor e nos confia a alguém, e somos ao mesmo tempo confiadas a outros. Temos muito mais amor para dar do que imaginamos, que existe em cada uma de nós em excesso; e esse amor quer ser liberado, sair de nós. Mas somente pode ser liberado derramando-se no outro. Aparentemente, ninguém pode se abrir ao amor por si mesmo. Deixemos que outros nos abram para amar e abramos a outros o amor por meio do nosso amor. "Deixe-se amar", diz Jesus a Pedro... e diz também a cada uma de nós. Seja qual for a nossa situação, o que tenhamos feito, *deixe-se amar aí*.

RECUPERAR O SENTIDO E A GRATIDÃO

Os discípulos haviam perdido sua imagem de seguidores, haviam chegado ao limite de suas esperanças e estavam muito insatisfeitos. Mas a presença do Ressuscitado *no meio deles* os leva a recuperar o sentido de suas vidas: perdão, paz, alegria transbordante, amizade refeita... e a experiência de transformação. Eles sentem uma nova possibilidade de vida. À primeira vista, parece que a realidade segue sendo a mesma, porém, no encontro com o Ressuscitado, os fatos adquirem um significado novo.

> Aparentemente, sua situação não mudou: continuam pobres, mas, agora, as coisas mais elementares que estão ao alcance da sua pobreza (pão, vinho, peixe), se convertem em *celebração*. Aparentemente continuam ainda se referindo ao humilde serviço, mas o Ressuscitado lhes tem revelado a *fecundidade* dessa atitude ("apascenta as minhas ovelhas"). Não lhes oculta o preço a ser pago ("outro o cingirá"), mas também Jesus promete sua presença (T. Mifsud).

Viver ressuscitadas significa viver despertas a essa Presença discreta de Deus na vida. Quando vivemos a partir da profundidade, tudo se converte em um ato sagrado. O agradecimento por tanto bem recebido é o que vai inaugurar um modo prazeroso de encontrar a Deus em todas as coisas. Podemos nos perguntar o que aconteceu aos discípulos para passar do medo e da covardia para a doação, com alegria, de suas vidas a Jesus. Será que Pedro não precisaria mais suportar e lutar contra o seu orgulho de homem, nem Maria Madalena precisaria continuar andando em círculos em relação à sua afetividade? Por certo que sim, mas sentiam as suas debilidades acolhidas por um Amor maior à medida que o Ressuscitado lhes foi tomando a vida, até dizer com Paulo: realmente, é Ele aquele que vive em nós. Não é uma alegria fácil a que vão sentir agora, mas sim a alegria que amadureceu mediante o perdão e a aceitação paciente da própria vida; a de quem sente a própria condição humana acolhida com imensa ternura. "Minha graça te basta", dirá a Paulo, quando este está cansado de lutar contra um determinado aspecto de si mesmo.

O agradecimento é um sinal de que nossa vida caminha em boa direção. É o medidor da nossa vida, o reconhecimento cotidiano do quanto podemos ser o que somos por Outro, que não há nada nosso que não tenhamos recebido primeiro. "O que somos, o que há de mais precioso no que somos, o mais incomunicável de nós mesmos, não depende de nós. Nos é dado" (W. Jäger).

"E te conduzirás onde não queres" (v. 18), disse o Senhor ao seu amigo Pedro, porque Ele mesmo havia passado por essa situação. Aceitar o processo da vida e dizer "sim" a cada nova etapa. "Estenderá as mãos" sem ter medo. Estender as mãos e ser conduzido. Não deixar que o medo se apose de nós quando dizemos "sim" à limitação: isso nos faz mais conscientes da nossa dependência de Deus. Estamos dispostas a soltar-nos. Soltar é outro modo de se desprender. O que retemos nos impede a vida; se retemos o alento, nos asfixiamos; se retemos os alimentos, nos envenenamos. Soltar é adentrarmos na profundidade da vida, é temer menos e amar mais. Ao final, teremos que fazer uma só coisa: estender nossas mãos. O que somos no mais profundo conhece o caminho e se unirá a Deus.

Estenda as suas mãos! Existe Alguém a quem pode dar as suas mãos. Ele a conduzirá. Simplesmente esteja! Abandone todo medo, todo pensamento e tudo o que nos inquieta. Sinta benevolência e carinho por tudo o que nos rodeia.

Abandonemo-nos! Deus meu, estás aí, não temo nada, te louvo por tudo, pois tudo vem de tuas mãos... Tudo o que acontece é permitido, preparado e disposto por ti para o bem maior. Abandonemo-nos (Charles de Foucauld).

Orar com outros na praia
Jo 21,1-18: "Já amanhecera, Jesus estava em pé, na praia"
– Veja-se com aquelas pessoas com as quais compartilha a vida, com a comunidade, onde o Ressuscitado entrega seu Espírito. Acolha a cada uma delas, com seus nomes, com suas realidades únicas e diferentes da sua; receba-as como *companheiras* com as quais o Ressuscitado a convida a segui-lo e a *lançar as redes novamente*; a não deixar que lhe roubem a alegria... nem a capacidade de agradecer.
– Pergunte a si mesma: "Tens pescado algo?"
– Qual é o meu único peixe, aquele que o Senhor me pede e que ninguém pode pescar por mim?
– Lançar de novo as redes da vida pelo *lado direito*, pelo lado do amor incondicional. Com quais pessoas, em que circunstâncias, sou chamada a lançá-las de novo, a lançá-las de outra forma, confiante na sua Palavra?
– Sinta que Ele lhe diz como a Pedro: "Tu me amas mais...?" Qual é a sua resposta?
É na nossa pobreza e na nossa fragilidade que o Senhor nos presenteia com o seu amor e nos confia o que mais deseja, e nos diz: "Apascenta minhas ovelhas", cuida dos meus... Receba amorosamente aqueles que Jesus lhe confia. Receba a nova capacidade que é colocada em sua vida para se aproximar dos

demais, para acolher, para interceder por eles, para consolar... e agradeça. Você também foi confiada a outras pessoas. Deixe que o Senhor Ressuscitado se coloque no centro, e que isso seja o mais importante, o que o Senhor deseja ir fazendo em você, na comunidade. Deixe que o Espírito, como um vento suave, toque o seu rosto e todo o seu corpo. "Como o Pai me enviou, também eu vos envio" (Jo 20,21).

Volte a receber este convite de Jesus: Jo 15,1-17:
Eu sou a videira e vós os ramos
Permanecei no meu amor...
Não fostes vós que me escolhestes,
mas fui eu que vos escolhi.
Ama-os como eu vos amo.
Para que a minha alegria esteja convosco.
Para que deis abundantes frutos.

"Estenderás as mãos, e outro te cingirá"
– Abra e estenda as suas mãos! Existe Alguém a quem pode dar as suas mãos.
– É Ele mesmo quem lhe tem conduzido, quem a conduz agora e quem a conduzirá.

[...] a quem carreguei desde o seio materno,
A quem levei desde o berço.
Até a vossa velhice continuo o mesmo,
até vos cobrirdes de cãs continuo a carregar-vos:
eu vos criei e eu vos conduzirei,
eu vos carregarei e vos salvarei (Is 46,3-4).

Epílogo
Terras do Espírito

Depois deste percurso pela experiência das mulheres, quero concluir com uma invocação do Espírito, *a Ruah*, que Hildegard von Bingen chamava de "vida da vida de toda criatura". Aquela *vida* que, experimentando-a, acabamos por não saber falar a respeito, porque está além do território das palavras.

De Jesus e do Pai se fazem muitas representações, enquanto do Espírito, mais do que falar dele, invocamos a relação com Ele: "Vem!" Convidamos que venha Aquele que já está, ao Provocador de transformações, ao Possibilitador de toda relação, ao Artífice secreto de todas as cores e as texturas da vida; da beleza que conhecemos e daquelas que ainda nos aguarda[40].

Diz um provérbio africano: "Tudo o que vive tem uma alma". É dessa alma do mundo que se trata, e aqui só podemos fazer aproximações, abordagens, vislumbres. Reconhecemos o Espírito pelos efeitos que provoca: golpeia-nos e clama no sofrimento dos inocentes, em todas as manifestações que maltratam a vida, ali onde não se respeita a dignidade e o valor das criaturas. Alcança-nos no sabor fresco de um rosto, no tom de uma voz, em uma carícia da natureza; sem saber de onde vem e sem poder prever para onde vai.

A linguagem que nos é mais próxima de sua expressão é a poética. Por isso vou tomar como guia um poema de Mario Benetti, "Não te rendas", que me enviou uma amiga enquanto caminhava um pouco perdida em uma tarde de Pentecostes, como Nicodemos.

---

40. "Aguardam-nos aspectos da plenitude que apenas suspeitamos" (NAIR, A. *El vagón de las mujeres*. Madri: Alfaguara, 2002).

Quisera eu aproximar-me assim de tantas pessoas que fazem a experiência da vida no Espírito, que a dão a conhecer e a iluminam em múltiplos registros distantes do âmbito especificamente religioso e que bebem dele, vivem dele, sem sabê-lo. Que têm o olhar aberto e que são, para aqueles que chegam perto, motivo de contentamento e de cura. Homens e mulheres que, com sua presença, contribuem com um dom único para o tecido da existência humana, um matiz de cores e de calor que por vezes também ainda é desconhecido para eles.

Também gostaria, na *ligeira brisa*, colocar-me junto daqueles que atravessam momentos de desânimo, de tristeza, e tocá-los profundamente; e poder escutar dentro dessa voz que não para: "Não te rendas... ainda há fogo em tua alma".

> 1. Não te rendas, ainda está em tempo
> de alcançar e começar de novo,
> aceitar tuas sombras,
> enterrar teus medos,
> largar o lastro,
> retomar o voo

É no momento de sua despedida que Jesus fala mais abertamente do Espírito, depois de dizê-lo a Nicodemos que ele tem que nascer do Espírito para entrar no Reino (Jo 3,5). O Evangelho de João nos mostra a *vida interior* de Jesus, aquela capacidade que o levava a amar o não amável, a incluir os que eram deixados de fora, a conhecer as impressões digitais de Deus no ser humano. Nunca atribuiu a si mesmo esse poder curador e gerador de vida, recebe-o de Outro; e será no final que o dará a conhecer: "[...] e rogarei ao Pai e ele vos dará outro Paráclito, para que convosco permaneça para sempre" (Jo 14,16). Como nosso Mestre (ou Mestra) Interior, que nos ensinará a nos deixar conduzir para a bondade, para a doação, para a reconciliação e a alegria.

O nome que Jesus lhe dá é *Paráclito*, em grego: "o que olha por nós", o que defende, o que auxilia, o que infunde ânimo, o que alenta, o que outorga valor e confiança. O que nos sussurra ao ouvido: "Não te rendas, ainda está em tempo".

Em muitas situações de nossa vida, necessitamos ouvir essa voz quando não sabemos como *aceitar as sombras*, e as *vozes do medo* vão crescendo dentro de nós. Creio que, no início da vida, pensamos que existam coisas que vão mudar, que aquilo que mais nos incomoda poderemos eliminar com esforço, com vontade; cobrir o que é feio em nossa pessoa, esconder o joio, silenciar os impulsos agressivos, como se pudéssemos modelar sua presença, como fazem com o corpo a golpe de bisturi: cortar e sugar aquilo que sobra. Também queremos agir da mesma forma na história, porém não é por esse caminho o agir do Espírito. Ele gosta de reunir, integrar, conciliar, de nos levar a um *lugar interior*, a um centro de calma onde tudo tem o seu lugar, onde tudo encontra o seu lugar.

Quando o Espírito está em um rosto, *o lobo e o cordeiro* (Is 11,6) que habitam em seu interior podem estar incrivelmente juntos e pacificados. Sem deixar de ser o que são, podem conviver e se acolher em suas diferenças. Um está contido no outro, porque ambos formam parte de nosso tecido humano e de seu mistério. Diz o Evangelho de Marcos que, no deserto, Jesus "convivia com as feras" (Mc 1,11), com aquilo do qual temos medo, porque o sentimos como ameaça; com aquilo do qual nos afastamos e nos defendemos. O mesmo Espírito o havia dirigido para o deserto para enfrentar a si mesmo, as suas feras interiores, e para aprender a *fazer-se amigo* de toda realidade, incluídas as suas dimensões mais obscuras.

A obra do Espírito não é ajudar-nos a nos *livrarmos* daquilo que sentimos que traz opacidade a nossa existência e nos atemoriza, mas sim a sua ação nos leva, suavemente, a *aceitá-la*, a deixá-la estar, a abraçá-la. Seu trabalho de transformação nos ensina a fazer amizade com as zonas de nossa vida, da realidade, dos outros... das que havíamos nos distanciado, das que nos sentimos separados. Leva-nos a "tirar as sandálias", porque já não temos medo de que a terra que pisamos machuque nossos pés. Imediatamente nos sentimos libertados do lastro que fomos arrastando durante tanto tempo e, por uns instantes, nos atrevemos *a viver no Vento*.

Eduardo Galeano tem uma bonita história sobre o voo do *Albatroz*, que bem poderia ser uma parábola sobre a vida conduzida pelo Espírito:

> Vive ao vento. Voa sempre, voando dorme. O vento não o cansa nem o desgasta. Aos sessenta anos segue dando voltas e mais voltas ao redor do mundo.
> O vento lhe anuncia de onde virá a tempestade e lhe diz onde está a costa. Ele nunca se perde, nem esquece o lugar onde nasceu; porém a terra não é sua, nem o mar tampouco. Suas patas curtas caminham mal, e boiando fica entediado.
> Quando o vento o abandona, espera. Às vezes o vento demora, mas sempre volta: o busca, o chama, o leva. E ele se deixa levar, se deixa voar, com suas asas enormes planando no ar[41].
>
> 2. Não te rendas, que a vida é isso,
> continuar a viagem,
> perseguir teus sonhos,
> destravar o tempo,
> fugir dos escombros
> e destapar o céu

Toda viagem requer bagagem e tempo. A viagem da existência, nós começamos sozinhos e terminamos sozinhos, mesmo sabendo que toda travessia é para encontrar companhia. Paisagens se sucederão e irão se configurando nesse emaranhado de relações que nos constituem. E Ele ali estará, silenciosamente, como Aquele que amarra e dá nó, como Tecelão constante das redes que as fazem crescer, como Reparador de todos os tecidos que se rasgaram e se separaram um dia do *único tecido* no qual se juntam todos os fios da vida.

Desde o momento em que acontecemos no mundo, nascemos formando parte de uma rede de relações. Esse tecido de relações vai se ampliando ao longo do *crescimento* e, também, de outra forma, quando chega o tempo de *sermos despojados*. "Ao final de minha vida – dizia Casaldáliga, já avançado em sua viagem –, abrirei meu coração

---

[41]. GALEANO, *op. cit.*, p. 202.

cheio de nomes." O Espírito é o escritor dos nomes que vão formando nossa vida, nos quais fizemos experiência do que significa *isso que chamamos "amor"*, e que está gravado em nossa origem e em nosso destino como nossa fome maior e como nosso dom mais precioso.

No segredo da viagem da nossa vida, somente vivemos para ter experiência *desse amor*. Para esse amor "perseguimos sonhos e descortinamos céus"; para essa *vibração* do coração, silenciada a cada pedra, em cada flor, em cada animal, em cada rosto humano que se abre diante de nós. Apenas ansiamos dar e receber essa vibração, essa voz, "[...] a fim de que o amor com que me amaste esteja neles, e eu neles" (Jo 17,26), disse Jesus; e Ele falava daquele amor que ordena e sustenta o Universo, e no qual somos convocados *a nascer pela segunda vez*, e até setenta vezes sete.

3. Não te rendas, por favor, não cedas,
 ainda que o frio queime,
 ainda que o medo morda,
 ainda que o sol se esconda
 e se cale o vento,
 ainda há fogo em tua alma,
 ainda há vida em teus sonhos

O fogo e o vento, junto com a torrente de água viva, são os símbolos mais potentes com os quais a Bíblia busca dizer algo dessa *ação facilitadora* de tudo o que vive, de sua força criadora, de sua imprevisibilidade, de sua capacidade de gerar sabedoria, cura e beleza. São símbolos do movimento constante e do fluir silencioso dos processos que geram a vida.

O fogo de uma pessoa se vê em seus olhos e em suas mãos. O de Jesus era tremendamente quente quando olhava para aquele homem excluído pela lepra (Mc 1,40), para a mulher condenada por adultério (Jo 8,10), para a hemorroíssa (Mc 5,34), para Pedro, depois que este o abandonara (Jo 21,15)... Nos olhares que Ele lhes dava, puderam recuperar suas vidas. "Como fogo devorador, encerrado em meus ossos", expressou Jeremias muitos séculos antes que Jesus. Estou cansado de suportar, não aguento mais!" (Jr 20,9). Jesus dirá de outra forma: "Eu vim trazer fogo à terra, e como desejaria que já estivesse aceso!" (Lc 12,49).

Quando o fogo nos toma, não temos nada que esconder, e, exatamente aquelas situações de nossa vida que gostaríamos de eliminar, o que considerávamos descartáveis, toda essa nossa realidade mais pobre, se converte inesperadamente no único material necessário para avivar a chama; agarra nosso vazio e a nossa nudez.

Uma vez pegos, toda a ação será do Fogo, e nosso único trabalho será de nos abandonarmos, não colocarmos resistência. Então poderemos nos entender com o outro, reverenciá-lo em sua final realidade, no que podemos ver e naquilo que sempre nos permanecerá desconhecido, e se nos desvelará o amável dom que guarda sua vida. A diversidade nos parecerá bonita e fecunda, e por uns instantes poderemos nos ver naquela luz que não reparte, que não exclui, que não classifica. Uma luz que abre em nós os *olhos do coração, os olhos do fogo*, no qual podemos ver as coisas, aceitá-las *tal como são*, e na qual há um lugar para cada expressão da vida.

Poderemos realmente nos entender, nos reconhecer, falar a partir dessa mentalidade distinta, em marcas espirituais distintas, em tons opostos (At 2,4)? O relato de Pentecostes se abre como um espaço de possibilidade, como um sonho realizável, um lugar para o qual nos dirigimos e que agora nos presenteia com o dom de caminhar com leveza. Invadidos pelo Fogo, eles podiam se ouvir e se entender, "não no único idioma do império romano, mas sim na própria língua de cada um. Uma língua de libertação, de relação e de unificação vinda de baixo"[42]. Por isso, *diálogo* é hoje outro dos muitos *nomes* do Espírito.

> 4. Porque a vida é tua, e teu também o desejo,
> porque o quiseste e porque te quero,
> porque existe o vinho e o amor, é certo.
> Porque não existem feridas que o tempo não cure

---

42. "Vem, Espírito Criador, e renova a face da terra", de C. Hyung-Kyung, em ARANA, M. J. (dir.). *Recordamos juntas el futuro*. Madri: Claretianas, 1995.

Parece-me tão necessário escutarmos, como mulheres, assim este verso: "Que a vida é nossa, e nosso também o desejo". Que aconteceria se nos perguntássemos por nossos desejos dentro de nossa Igreja, pelo que sonhamos, pelo que queremos celebrar, pelo que amamos, pelas feridas? E se, além de nos perguntarmos pelo que desejamos e sonhamos, nos deixassem vivê-lo dentro de nossa Igreja? O que aconteceria? Como se transformaria seu rosto?

Existe um antigo ícone medieval, uma pintura muito interessante, que se encontra em uma igreja de Urschalling, na Alemanha, que representa a Trindade, onde o Espírito, que está entre as figuras masculinas do Pai e do Filho, é representado como um rosto e corpo de mulher. A *Ruah*, em hebreu, o alento que possibilita a existência, o solo de tudo o que vive, é uma palavra feminina: *a Espírito*.

É significativo que a raiz antiga de onde provém o termo *Ruah* dê origem a outros substantivos: *Rewah* (a distância) e *Reah* (o espaço cheio de perfume). Nos relatos da criação, a *Ruah* de Deus gera harmonia a partir do caos, colocando a *justa distância* entre as diversas criaturas, dando a cada uma o seu lugar, o espaço que necessita para expandir seu ser. Nessa *adequada relação*, cada tufo de grama, cada montanha, cada ser que vive, tem seu lugar e seu sentido. "Uma árvore dá glória a Deus sendo simplesmente a árvore que é", dizia Merton. Entregando seu perfume único.

Hoje estamos conscientes e podemos agradecer essa presença *da* Espírito nos perfumes que as mulheres portam. Em suas tarefas pela paz e pela justiça, nas contribuições do ecofeminismo para a integridade da criação, em sua cumplicidade com os ciclos que favorecem a vida. Mostrar a dimensão feminina que homens e mulheres guardam dentro de si é sinal do movimento *da* Espírito. Acolher em nós seu potencial de ternura, de cuidado e de resistência perante todas aquelas situações e forças que vêm desintegrar a vida; fazer da colaboração, da interdependência, do diálogo e da abertura às diversas culturas e às diversas tradições espirituais maneiras novas e necessárias de nos situarmos no mundo.

Os perfumes das mulheres e os aromas estiveram muito presentes na vida de Jesus, em seus momentos de prazer e de dor. O perfume, por sua vez, revela e oculta, aviva o desejo, é a abertura ao âmbito de uma presença. Jesus os acolheu agradecido, e sua própria vida tomou o símbolo figurado do frasco, precioso e caro, que se quebra para poder se derramar por muitos. Jesus também reconheceu a Espírito nos sabores e nos odores. Em suas refeições com pecadores e publicanos, nos aromas das mulheres que o ungem. Todos os nossos sentidos estão preparados, estão bem adaptados para pressenti-la, quando podemos organizá-los e silenciá-los.

A *Senhora Sabedoria*, como Hildegard von Bingen invocava essa relação vital com Deus, vai nos ofertando seus aromas. Não são diferentes do cheio da lavanda, do jasmim, da terra depois da chuva, do cheiro do mar..., daquele cheiro que o contato com uma pessoa nos deixa sem necessidade de pronunciar palavras. São os cheiros da vida também aqueles de quem nos afastamos, porque exalam fedor, são sinais da necessidade de sua Presença e o atraem como um imã. O odor que provoca a lepra na pele, o odor da exclusão e da miséria, do cadáver de mais de três dias, o intenso cheiro de uma canoa abandonada, de casas erguidas ao lado de um lixão... E ali está encorajando, sobre o caos dessas realidades, para resgatá-las, para devolver a cada rosto toda a realidade, a própria integridade, seu *perfume original*.

O perfume derramado sobre a pele saudável é beleza e celebração, preparação para o abraço e a intimidade. O perfume que se verte sobre uma bela ferida é unguento e bálsamo que alivia. Passam os anos, e existem feridas que permanecem, que nem o tempo cura, pelo menos não sozinhas, se não é um tempo tomado pelo Espírito.

Emociona quando o Senhor Ressuscitado mostra as feridas de suas mãos e do seu lado curadas, porém ainda feridas, abertas por aquela fenda; e o faz antes de entregar o Dom (Jo 20,22), o grande multiplicador do melhor de cada um, o portador das células-tronco de nossa vida interior. E no DNA desse mesmo Espírito que foi implantado em Jesus, duas polaridades que se atraem e que herdamos em nossa bagagem genética. Quando a Vida nos abençoa, estamos potencialmente preparadas para *anunciar a boa notícia, libertação, luz, cura*. Ações que abrem plenitude em nós. De outro lado: *os pobres, os cativos, os cegos e os oprimidos*, apontando para o destino, mostrando sentido e direção. E nesse campo magnético de atração, a história se move para Deus, vulnerável e amada, e para nossa pequena vida. Jesus expressava assim essa atração: "O Espírito do Senhor está sobre mim, porque ele me consagrou pela unção para evangelizar os pobres..." (Lc 4,18-21).

5. Abrir as portas,
tirar os ferrolhos,
abandonar as muralhas que te protegeram,
viver a vida e aceitar o desafio,
recuperar o riso,
ensaiar um canto,
abaixar a guarda e estender as mãos,
abrir as asas e tentar de novo
celebrar a vida e recuperar os céus

Fechaduras, muralhas, defesas... Nas primeiras fases de nosso processo humano, vamos nos envolvendo em uma couraça. Nascemos frágeis e necessitamos nos proteger. E, essa mesma proteção, é a mesma que teremos de largar ao chegar o tempo da maturidade.

Nosso modo de nos blindar foi necessário para nos proteger e seguir adiante; é um modo que também nos enrijece, fica impresso na tensão de nossos músculos e gravado na forma de nosso corpo. E, no dia que aprendermos que sermos vulneráveis é sermos humanos, não saberemos bem como *abrir mão*, como eliminar fechaduras, abaixar a guarda e estender as mãos.

O Espírito nos torna fortes em nossa debilidade e nos amadurece quanto mais recuperamos a inocência. Essa qualidade é uma de suas características mais paradoxais. Seu modo de nos proteger é nos abrindo; seu modo de nos defender é nos desarmando. Podemos crer em algo assim? Podemos renunciar a nossa necessidade de segurança e nos abandonarmos totalmente ao Espírito para que possa nos guiar? Jesus fazia essa experiência quando dizia: "Ninguém a tira de mim, mas eu a dou livremente" (Jo 10,18). E, em seu maior despojamento e pobreza, abria seu corpo na cruz para a Fonte Constante de um Amor que não cessa e a uma Alegria que nada a poderia tirar.

Quanto mais desarmado, mais indefeso, maior transparência e bem-aventurança. *Recuperar o riso e abrir as asas* nos momentos mais duros da realidade é sinal inequívoco de sua discreta Presença. Não nos surpreendamos que as pessoas mais pobres e simples sejam as mais abertas, as que sabem celebrar em meio da adversidade, as que seguem esperando sem se desesperar. Onde existem carências, vazios, ali existe possibilidades.

Ali onde nosso ego diminui (e temos que ter uma imensa paciência e humor conosco mesmas), ali o Espírito toma o lugar que lhe pertence desde o princípio e para sempre. O Espírito nunca fala na primeira pessoa. Manifesta-se em nossos corpos como um sinal, como um selo de pertença, quando somos levadas da depredação para a doação, do reter para o oferecer, de nos sentirmos divididas a tomar consciência de que somos parte de toda a criação. E então faremos memória, *recordaremos* ("o Espírito lhes dará a conhecer tudo", diz Jesus) o que estava gravado no coração da vida humana e fomos esquecendo: "Que viemos da mesma fonte de vida e que todos os aspectos de nossa vida estão interligados"[43].

> 6. Não te rendas, por favor, não cedas,
> ainda que o frio queime,
> ainda que o medo morda,
> ainda que o sol se ponha e se cale o vento,
> ainda há fogo em tua alma,
> ainda há vida em teus sonhos.
> Porque cada dia é um novo começo,
> porque esta é a hora e o melhor momento,
> porque não estás sozinho, porque eu te quero.

---

43. HYUNG-KYUNG, *op. cit.*

Até o final, o *medo* e o *frio* se apresentam como companheiros de viagem que vêm apagar os sonhos e as brasas. Impressiona-me, na sequência do Espírito, como se nomina a realidade sobre a qual clamamos sua vinda: *terra seca, coração enfermo, gelo.* Como se fosse essa a *terra propícia* onde atua o Espírito. Como se nenhuma situação pudesse nos impedir a sua visita; ao contrário, quanto maior o desamparo, maior a proximidade.

Todo terreno baldio é bom para o Espírito. Ele é um buscador incansável de fragilidades e intempéries. No *não amor*, na *não existência*, na *não possibilidade*, *vem como um "sim"* incomparável que começa de novo a nos contar a história: "No início era a relação". Na voz calma do amor, toda realidade é abençoada: os demônios, os desertos e suas feras, os ladrões que saqueiam e matam... Até os infernos da realidade descem para nos encontrar e beijar cada vida. Com seu beijo, uma identidade nova que era nossa e que a havíamos perdido: ninguém mais será estrangeiro nem inimigo: "Ninguém fará o mal nem destruição nenhuma em todo o meu santo monte, porque a terra ficará cheia do conhecimento de Iahweh, como as águas recobrem o mar" (Is 11,9).

Há uma canção que diz: "Para o lugar onde você foi feliz, você deveria tentar retornar", e os anos nos revelam – oxalá que o façam! – que esse lugar não é um espaço físico nem está localizado no tempo, mas que está dentro, vai conosco aonde quer que vamos.

São as *terras do Espírito*, e habitá-las é a nossa promessa. Aquelas terras prometidas aos nossos pais e mães, e a todos aqueles que não têm casa nem pão. Há que se tirar as sandálias para entrar nessas terras, tornar-se cada vez mais leve, mais humilde; não reter nada e recolher para que não se perca nem um dos fragmentos da vida, nem um só dos rostos pequeninos. Até encher os cestos da Realidade com imensa gratidão, porque todos puderam se saciar dos seus dons.

As terras do Espírito albergam milhões de nomes. Chamam-se *esperança* para alguns imigrantes subsaarianos sem documentos nem abrigo. Chamam-se *paz amada* para as mulheres e meninas do Afeganistão que buscam, com seu rosto coberto, sobreviver a tanta barbárie. Chamam-se *liberdade* para os sequestrados há longos anos nos cárceres e nas selvas. Assumem o nome de *justiça* para as gerações de africanos que morrem de fome em seu continente espoliado. Chamam-se *beleza*, porque tudo o que foi criado é bom e precioso ("as lâmpadas são diferentes, mas a luz é a mesma", dizia Rumi); e chamam-se sempre *humanidade*.

Assim como Jesus encarnou, também nos tornamos homens e mulheres, tornamo-nos cada vez mais humanos, *por obra do Espírito Santo*. Ele, Ela, nos faz pressentir o quanto somos amados, que, no Uno, nunca estamos sozinhos ("no Uno sempre se está em casa"[44]) e que *esta é a hora* para cada um de nós *e o melhor momento*... Ainda temos tempo!

---

44. HAMMARSKJÖLD, *op. cit.*, p. 151.

OBRAS USADAS NESTA TRADUÇÃO

A Bíblia de Jerusalém. Nova ed. rev. São Paulo: Paulus, 2002.

CRUZ, João da. *Obras completas*. 6. ed. Petrópolis: Vozes/Carmelo Descalço do Brasil, 2000.

LOYOLA, Inácio de. *Exercícios Espirituais de Santo Inácio*. 10. ed. São Paulo: Loyola, 2002.

Conecte-se conosco:

f facebook.com/editoravozes

◯ @editoravozes

X @editora_vozes

▶ youtube.com/editoravozes

◯ +55 24 2233-9033

www.vozes.com.br

Conheça nossas lojas:

www.livrariavozes.com.br

Belo Horizonte – Brasília – Campinas – Cuiabá – Curitiba
Fortaleza – Juiz de Fora – Petrópolis – Recife – São Paulo

  Vozes de Bolso

EDITORA VOZES LTDA.
Rua Frei Luís, 100 – Centro – Cep 25689-900 – Petrópolis, RJ
Tel.: (24) 2233-9000 – E-mail: vendas@vozes.com.br